Dr. Kathrin Beyer
Andrea Rudminat
Annette Beuckmann-Wübbels
Corinna Hoppe

Deutsche Küche

Dr. Kathrin Beyer | Andrea Rudminat
Annette Beuckmann-Wübbels | Corinna Hoppe

Deutsche Küche

traditionell und gesund

schlütersche

Bibliografische Information der Deutschen Bibliothek
Die Deutsche Bibliothek verzeichnet diese Publikation in der Deutschen Nationalbibliografie;
detaillierte bibliografische Daten sind im Internet über http://dnb.ddb.de abrufbar.

ISBN 978-3-89993-557-8

Die Autorinnen:
Dr. phil. Kathrin Beyer, Diplom-Sozialwissenschaftlerin, Autorin, Therapeutin und Dozentin
Andrea Rudminat, Hobbyköchin, kaufmännische Angestellte im EDV-Bereich
Annette Beuckmann-Wübbels, Diplom-Oecotrophologin, Ernährungsberaterin
Corinna Hoppe, Köchin, freie Handelsvertreterin

© 2008 Schlütersche Verlagsgesellschaft mbH & Co. KG
          Hans-Böckler-Allee 7, 30173 Hannover

Fotos:	Ingo Wandmacher
Koch:	Jens Olvermann, Hotel-Restaurant »Zur Linde«, Hankensbüttel
Gestaltung:	Norbert Blommel, Medien Team-Vreden
Satz und Bildbearbeitung:	Medien Team-Vreden
Druck und Bindung:	Rasch Druckerei und Verlag GmbH & Co. KG, Bramsche

Vorwort 10

Suppen und Eintöpfe 27

Kartoffeln – rund um die Knolle 49

Salate – gesund und lecker 63

Ei, Ei, Ei … 75

F(r)isch auf den Tisch 85

Fleisch und andere Köstlichkeiten 101

Kleinigkeiten für den Abend 137

Soßen und Dressings 151

Das Sahnehäubchen: Kuchen und Desserts 163

Vorwort

Wichtiger als die schönen Künste ist für das Wohl der Familie die lange als Stiefschwester betrachtete und behandelte Kochkunst, die erst in neuerer Zeit wieder anfängt zu Ehren zu kommen.
Henriette Davidis/Luise Holle, *»Das praktische Kochbuch«*, 1896

Lieben Sie Gerichte aus deutschen Landen? Möchten Sie gern einmal ein Gericht nachkochen, das Ihnen in der Kindheit besonders gut geschmeckt hat und wenig Zeit in Anspruch nimmt?
Deutsche Küche muss keineswegs altmodisch und umständlich sein, altbewährte Erfahrungen unserer Vorfahren können Sie mit Empfehlungen einer gesunden modernen Ernährung bestens kombinieren! So lässt sich der knurrende Magen auch ohne Fertigprodukte aus dem Supermarktregal sättigen, und Sie bekommen vielleicht sogar Appetit darauf, Rezepte Ihrer Eltern oder Großeltern ganz neu zu entdecken. Doch wie steht es mit der Kunst des Kochens? Viele Menschen hierzulande können gar nicht (mehr) kochen, daran ändern auch die beliebten Kochshows wenig. Dennoch besteht kein Grund, es nicht zu versuchen, denn Kochen ist schließlich keine Zauberei, und wir zeigen Ihnen Schritt für Schritt, wie es geht. Nehmen Sie sich ein wenig Zeit für Planung und Zubereitung unserer Rezepte – der Erfolg wird Sie überzeugen.

Im ersten Teil des Buches werfen wir einen Blick in die Geschichte der Kochkunst. Wir spannen den Bogen von der Haushaltführung des 18. bis 19. Jahrhunderts bis zur heutigen Zeit und werden sehen, dass vieles aus der »guten alten Zeit« heute noch Gültigkeit hat.
Im zweiten Teil stehen die Rezepte im Mittelpunkt. Jedes Kapitel beginnt mit einem kurzen Blick auf die Speisen und Kochgewohnheiten vergangener Generationen. Wir haben einige historische Rezepte ausgewählt, die uns wegen ihrer speziellen Zubereitungsart oder Zutaten besonders gefielen. Wissenswertes zu den Speisen und Nahrungsmitteln sowie Gesundheitsinformationen runden die Einleitung jedes Kapitels ab. Daran schließen sich die Rezepte zum Nachkochen an, die dem Motto »einfach, schnell und gesund« folgen.

Wir wünschen Guten Appetit!

Dr. Kathrin Beyer,
Andrea Rudminat,
Annette Beuckmann-Wübbels und
Corinna Hoppe

Biersuppe und Biberschwanz: deutsche Esskultur gestern und heute

Zwei große Traditionen beeinflussen maßgeblich unsere Ernährungsgewohnheiten: die antike und die germanische. Die Grundlage des antiken Lebens bildete die Nutzung des kultivierten Bodens. Korn, Wein und Ölbäume waren die bevorzugten Nahrungsmittel. Diese vorwiegend vegetarische Kultur wurde durch wenig Käse und Fleisch angereichert und entspricht heute einer alternativen vollwertigen Ernährung. Doch anders als heute entsprang diese Ernährungsweise nicht einer bewussten Lebenseinstellung, sondern der kargen Realität des Mittelmeerraumes: Die Böden konnten nur mühsam und mit großem Kraftaufwand bearbeitet werden, das Nahrungsangebot war eher spärlich.

Im Vergleich dazu ernährten sich die germanisch-keltischen Völker grundlegend anders. Sie jagten, fischten und sammelten ihre Nahrung, tranken Bier und Milch. Fleisch war ihre Hauptnahrung. Die Autoren Eva Jaeggi und Christoph Klotter zeigen, welche Rolle dabei das Schwein spielte: »Haben alle großen Zivilisationen eine zentrale Pflanze (die Antike den Weizen, Amerika den Mais, Asien den Reis), so verfügt die germanisch-keltische Welt, wenn überhaupt, nur über ein ›Zivilisationstier‹, das Schwein. Gegensätzlicher und unversöhnlicher als die antike und die barbarische Ernährungstradition vermögen kulturelle Strömungen kaum aufeinander zu prallen. So nimmt es nicht wunder, daß im Verlauf der abendländischen Geschichte einmal die eine, dann die andere Tradition mehr im Vordergrund stand und steht.«

Nahrung als zentrale Grundlage des Lebens stand hierzulande und im europäischen Raum keineswegs immer ausreichend zur Verfügung. Eine gute Versorgungslage gab es im Wesentlichen nur für die oberen Stände. Für den Großteil der Bevölkerung bilde-

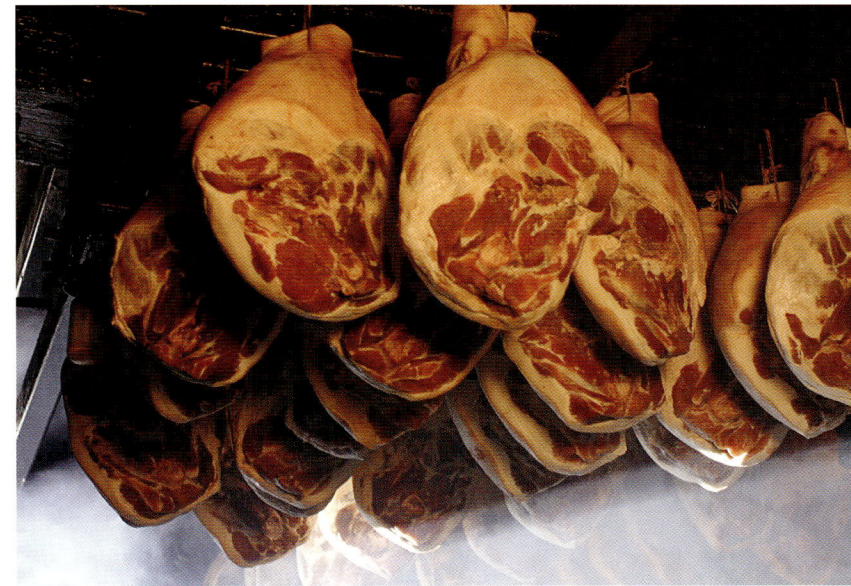

ten üppige Mahlzeiten die Ausnahmen und blieben seltenen Gelegenheiten wie Hochzeiten und Taufen vorbehalten.

Haushalt und Kochen in früheren Jahrhunderten

Zwischen dem 15. und 18. Jahrhundert vermehrte sich die Bevölkerung Europas von etwa 80 Millionen auf etwa 185 Millionen Menschen, wobei die Landbevölkerung mit 78 Prozent die größte Bevölkerungsgruppe darstellte. Auch in Deutschland hatte dieser rasante Anstieg der ländlichen Bevölkerung Konsequenzen: Der Besitz wurde nach festen Regeln vererbt, und für viele Landbewohner war es daher nicht mehr selbstverständlich, eigenes Land zu besitzen und zu bewirtschaften, um ihre Existenz zu sichern. Diese sogenannten »Dorfarmen« suchten als unselbstständige Landarbeiter, als Tagelöhner und in der Verarbeitung von gewerblichen Rohstoffen, d. h. als

Heimarbeiter, Arbeit. Neben dem weiterhin bestehenden bäuerlichen Haushalt im 18. Jahrhundert entwickelte sich somit auch der Heimarbeiterhaushalt. Im 19. Jahrhundert waren Städte durch die Veränderungen der Lebens- und Arbeitswelt weit mehr betroffen als das Land, wie wir vor allem an dem Arbeiterhaushalt der Unterschicht und dem neu entstandenen Bürgertum sehen werden.

Der bäuerliche Haushalt im 18. Jahrhundert

Die Ernährung der bäuerlichen Familie beruhte in der Regel auf den Erträgen aus der eigenen Landwirtschaft, was täglich harte Arbeit aller im Haushalt lebenden Mitglieder bedeutete. Die Pflege des Gartens mit Erbsen, Linsen, Bohnen und Rüben und die Versorgung des Kleinviehs in Hof und Stall bildeten die Voraussetzung für eine umfangreiche Vorratshaltung zur Überbrückung der erntearmen Monate und Ausgestaltung der wenigen Fest- und Feiertage. Als äußeres Zeichen der ihr obliegenden Wirtschaftsführung wurde der Hausfrau der Schlüsselbund mit Übernahme des häuslichen Regiments anvertraut. Den Mittelpunkt des Bauernhauses bildete der Herd.

Anschaulich beschreibt Justus Möser die Zweckmäßigkeit der niederdeutschen Hallenhäuser und die räumlichen Gegebenheiten für die Hausarbeit um 1760: *»Der Herd ist fast in der Mitte des Hauses, und so angelegt, daß die Frau, welche bei demselben sitzt, zu gleicher Zeit alles übersehen kann. … Ohne von ihrem Stuhle aufzustehen, übersieht die Wirtin zu gleicher Zeit drei Türen, dankt denen, die hereinkommen, heißt solche bei sich niedersetzen, behält ihre Kinder und Gesinde, ihre Pferde und Kühe im Auge, hütet Keller, Boden und Kammer, spinnet immerfort und kocht dabei.«*

Wie sah nun die alltägliche Kost der Menschen aus? Die Nahrung war einfach und kräftig, sie setzte sich hauptsächlich aus den Naturprodukten zusammen. Als Grundnahrung wurde je nach Witterung und Beschaffenheit der Böden Getreide angebaut, was in allen Formen möglicher Zubereitung einen wesentlichen Bestandteil der täglichen Nahrung ausmachte. Vermengt mit Wasser und Salz wurde Mehl im hauseigenen Backofen oder im dörflichen Gemeindebackhaus alle zehn bis vierzehn Tage in größeren Mengen zu Brot verbacken. Daneben wurde Mehl zum Andicken von Milch- und Wassersuppen sowie von Gemüse verwendet, als Brei gegessen oder zu Fladen verarbeitet.

Mehl, Salz, Wasser, Gemüse und tierische Fette kochte man im Suppentopf zusammen, welcher fast ständig über der offenen Feuerstelle hing, und aß Brot dazu. Diese Mahlzeit wurde im Alltag ergänzt durch Obst der jeweiligen Jahreszeit, Milcherzeugnisse, Eier und wenig eingesalzenes oder geräuchertes Fleisch. Einen Braten gab es lediglich an Sonn- und Festtagen. Man aß das Morgenbrot, Mittagessen, Vesper und Abendessen. Pro Jahr verzehrte dabei eine Person etwa 300 kg Getreide und etwa 20 kg Fleisch. Diese Art der Ernährung ermöglichte es den Menschen, die körperlich schwere Feldarbeit einigermaßen zu bewältigen: Kohlenhydrate wie Getreide oder Kartoffeln liefern viel ausdauernde Kraft. Mit der Verteuerung des Brotgetreides Ende des 18. Jahrhunderts fand die Kartoffel Eingang in die alltägliche Kost. Den Speiseplan in den Haushalten der Kleinbauern und Landarbeiter beschreibt Jürgen J. Kucynski in seinem Buch »Geschichten des Alltags des deutschen Volkes« in einem Vierzeiler:

Erdepfelsuppe in der Früh,
Erdepfel zu Mittag in der Brüh,
Erdepfel am Abend in der Schal,
Macht den Tag dreimal.

Als Getränke dienten Dünnbier, Dickmilch und Getreidekaffee oder es wurde Wasser aus dem Brunnen getrunken.
Mit allen Vorräten musste auch dann besonders sorgsam umgegangen werden, wenn es galt, viele Arbeitskräfte zu bewirten. Das war besonders an den Schlachttagen oder in der Getreideernte so.
Einen Überblick über die vielfältigen Aufgaben, welche die Leiterin einer Musterwirtschaft im Kreislauf des Jahres zu lösen hatte, ergibt das Leipziger »Allgemeine ökonomische Lexikon« von 1731: Im Januar waren welke Rüben zu schneiden, Federn zu schleißen (d. h. Federn von den Kielen zu rupfen), die Bier- und Kofentgefäße (Gefäße für dünnes Wasserbier) zu reinigen; im Februar der Flachs zu hecheln (d. h. zu feinen Fasern zerkleinern), das im Winter gesponnene Garn einzuäschern (mit Asche kochen/bleichen) und dann, weil es sich so besser verarbeiten ließ,

gefrieren zu lassen. Im März wurde Zwieback für das ganze Jahr gebacken, das Garn für die Leinwand zum Leineweber gebracht, aus den blauen Märzveilchen eine Hausarznei bereitet. Der April war der Schlachtmonat: Die Vorräte für den Sommer wurden eingesalzen, Morcheln getrocknet, die Leinwand auf der Bleiche gebleicht. Im Mai mussten Wein- und Bieressig für das ganze Jahr angemacht, Schreibtinte angesetzt und Gänsekiele gestreift (d. h. zu Schreibfedern geschnitten) werden; die Maibutter wurde gesammelt und eingesalzen, Käse bereitet, ferner allerlei Hausmittel aus Kräutern, Würmern usw. gewonnen. Im Juni wurde die Butter- und Käsebereitung fortgesetzt, verschiedenes Gemüse eingemacht, im August Eier eingelegt, Obst gedörrt, Talg für Kerzen gesammelt, Gurken eingemacht und Pilze für den Winter getrocknet. Den September füllten Flachs- und Hanfarbeiten aus, es wurden die Vorräte für das ganze Jahr gekauft und Kerzen gezogen. Im Oktober war die Herstellung von Rauch- und Pökelfleisch an der Reihe und wieder Federnschleißen; im November wurde Lein-, Nuss- und Mandelöl gepresst, im Dezember Wacholderbranntwein und Schlehenessig bereitet. Die ländliche Hausgemeinschaft war weitgehend auf sich selbst gestellt, Produkte von außen – dem Markt – wurden wenig bezogen, allenfalls Produkte der Spinnerei und Weberei, die über den Eigenbedarf hinaus erstellt wurden, konnten gegen Eisenwaren oder Salz getauscht werden.

Der Heimarbeiterhaushalt im 18. und 19. Jahrhundert

Der Heimarbeiterhaushalt bildete sich in der Zeit des Übergangs von der traditionellen Landwirtschaft zur industriellen Produktion. Fabriken, für die Arbeitskräfte gebraucht wurden, entstanden und die Fabrikbesitzer rekrutierten sie vornehmlich aus der grundbesitzlosen, unterbäuerlichen Schicht sowie den Handwerksbetrieben, die sich den veränderten Bedürfnissen der Massenproduktion nicht anpassen konnten und ihren Absatzmarkt verloren hatten. Diese Menschen griffen begierig nach neuen Verdienstmöglichkeiten,

ihrer eigenen Nähmaschine arbeitete, schildert in ihren Lebenserinnerungen die abstumpfende Wirkung endloser Stunden mühevoller Arbeit: »*Von morgens um sechs bis nachts um zwölf, mit einer Stunde Mittagspause, wurde in einer Tour ›getrampelt‹. Um vier Uhr aber wurde aufgestanden, die Wohnung in Ordnung gebracht und das Essen vorbereitet. Beim Arbeiten stand dann eine kleine Uhr vor mir und es wurde sorgfältig aufgepaßt, daß ein Dutzend Kragen nicht länger dauerte wie das andere, und nichts konnte einem mehr Freude machen, als wenn man ein paar Minuten sparen konnte.*«

Die Lebensmittel für die Zubereitung der Mahlzeiten mussten in den Heimarbeiterhaushalten durch den Wegfall der Landwirtschaft in der Regel zugekauft werden. So wurde nur zum Teil der Bedarf an Nahrungsmitteln durch die Eigenproduktion aus dem Gartenbau und der Kleintierhaltung (Milchprodukte, Eier, Fleisch von Ziege und Schwein, Kartoffeln) sowie durch gesammelte Pilze und Beeren gedeckt. Der überwiegende Anteil wurde vom Markt bezogen – für das Entgelt, das man durch die Arbeit verdiente. Im 19. Jahrhundert fand die Arbeit zuhause für viele Heimarbeiterfamilien, die eher in ihren ländlichen Gebieten gelebt hatten, als Folge der Industrialisierung nun auch in den großen Städten statt. So wurde gerade in der Textil- und Bekleidungsindustrie ein Großteil der Arbeit außerhalb der Fabrikmauern erledigt, und die meisten Heimarbeiter waren im späten 19. Jahrhundert Frauen. Ihre Mitarbeit zur Sicherung der existenziellen Bedürfnisse war von entscheidender Bedeutung für die Familie.

zumal sie die verlangte Arbeit der zunehmend expandierenden Textilindustrie von Kindesbeinen an beherrschten. Doch diese neue Form der Existenzsicherung war alles andere als einfach. Die Löhne waren niedrig, die Arbeit erforderte oft den unermüdlichen Einsatz aller Familienmitglieder. Die Mitarbeit der Frauen zur Sicherung der existenziellen Bedürfnisse war dabei von entscheidender Bedeutung für die Familie. So waren gegen Ende des 19. Jahrhunderts die meisten Heimarbeiter Frauen. Ottilie Baader, die viele Jahre als Heimarbeiterin an

Der Arbeiterhaushalt im 19. Jahrhundert

Das Leben in den Arbeiterhaushalten war ebenfalls kein idyllisches Miteinander. Die unermüdliche Mitarbeit oft der ganzen Familie war für die Existenzsicherung unerlässlich. Geld wurde zunehmend in den expandierenden Fabriken der Großstädte verdient. So verwundert es nicht, dass sich im Zeitraum von 1882 und 1907 die Zahl der Arbeiterinnen in den Fabriken von 540 000 auf 1 560 000 verdreifachte.

Die Wohnung war für die erwerbstätigen Familienmitglieder lediglich der Ort zum Schlafen nach einem überlangen Arbeitstag. Für die Frauen aus den Arbeiterhaushalten war die Belastung besonders groß. Sie litten, wie die Männer, an der Ausnutzung durch zu lange Arbeitszeiten, und erschwerend kam hinzu, dass ihre Löhne erheblich niedriger waren. Zusätzlich oblag ihnen die Versorgung aller Familienmitglieder. Mahlzeiten mussten schnell zubereitet werden, teure Lebensmittel oder aufwendig zubereitete Speisen standen nicht auf dem Esstisch dieser Familien. Zur Bereitung des Frühstücks – Gerstenkaffee, Schwarzbrot oder Mehlsuppe – wurde ein Feuer im Herd angefacht. Bevor es in die Fabrik zur Arbeit ging, bereitete die Frau die Verpflegung für den Tag zu: Schwarzbrot mit Butter, Kaffee, etwas Wurst.

Das Abendbrot, in der Hauptsache gekochte Kartoffeln mit Hering, Quark oder geröstetem Schmalz, stellte die einzig warme Mahlzeit des Tages dar. Ein- oder zweimal in der Woche wurde ein halbes Pfund Fleisch gekocht, Gemüse war wegen seiner zeitaufwendigen Vorbereitung selten. Die aufgeschobene Wochenarbeit wurde am Sonntag oder in den Nachtstunden erledigt. In den armseligen Wohnungen herrschten Enge, Gewalt und mangelnde Hygiene.

Der bürgerliche Haushalt im 19. Jahrhundert

In der zweiten Hälfte des 19. Jahrhunderts hielten die Erfindungen der Industrialisierung und der modernen Technik auch in den privaten Haushalten Einzug – zumindest in denen, die es sich leisten konnten. Arbeiten und Wohnen fand inzwischen an getrennten Orten statt, man ging ins Büro oder ins Kontor. Die Trennung vom beruflichen und privaten Leben prägte entscheidend die Lebensbedingungen zwischen Mann und Frau im bürgerlichen Milieu. Während für die Bäuerin, die Heimarbeiterin und auch die Arbeiterin die alltägliche Mitarbeit zur Deckung

der Existenzsicherung ihrer Familien unabdingbar war und die Führung des Haushalts nebst der Versorgung der Angehörigen zusätzlich erledigt wurde, hatte die bürgerliche Frau ausschließlich die Familie zu versorgen, den Haushalt zu führen und in der Öffentlichkeit standesgemäß den Wohlstand zu repräsentieren. Dazu gehörten Dienstboten, wohlerzogene Töchter und gebildete Söhne, eine standesgemäße Gästebewirtung zu besonderen Anlässen und die jährliche Sommerreise an die See. Doch nicht jede bürgerliche Familie verfügte über ein entsprechendes Einkommen und konnte sich Dienstboten leisten. Ein an wenigen Tagen des Jahres gezeigter Reichtum musste in der verbleibenden Zeit in vielen Haushalten durch das strikte Gebot der Sparsamkeit erwirtschaftet werden. Die genaue Einteilung des Wirtschaftgeldes, preisgünstiges Einkaufen und sparsamstes Kochen verlangten Überlegung, Erfahrung, vor allem jedoch Zeit. Der Einkauf durch die Hausfrau war somit ein wichtiger Bestandteil der Hausarbeit geworden. Ausgiebige Preisvergleiche und Qualitätsprüfungen auf dem Wochenmarkt, in Kolonialläden, in der Markthalle oder beim Fleischer sollten dazu helfen, die Wünsche der Familie zu erfüllen und Geld für den Repräsentationsaufwand einzusparen. So beschreibt es Erna Meyer-Pollack am Beispiel des Haushalts eines höheren Justizbeamten in den Jahren 1880–1906: »*Zweimal in der Woche ging sie (die Hausfrau) auf den der Wohnung nahe gelegenen Wochenmarkt, auf dem sie meist bei denselben Leuten Fleisch und Schmalz, Eier, Käse, Obst und Gemüse für den Bedarf der ganzen Woche einkaufte. (…) Aus Spezialgeschäften wurden eigentlich nur Wurst und Schinken, Milch und Backwaren sowie Butter bezogen.*«

Bei der Vorratshaltung wurden die Waren durch aufwendige Verfahren haltbar gemacht, d. h. nach bewährten Methoden eingekellert oder eingekocht. Nur an Sonn- und Feiertagen kam ein Braten auf den Tisch. In der Woche bestand die Hausmannskost aus einem Gemüsegericht mit billigen tierischen Kleinteilen oder Innereien. Preiswerte Fischsorten, sättigende Suppen und stets Kartoffeln als Beilage ergänzten den Speiseplan.

Folgender Wochenspeiseplan, entnommen der Berliner Dienstbotenzeitung von 1898, kann als typisch für die bürgerlichen Alltagsverhältnisse angesehen werden:

Sonntag:

Chokoladensuppe,
falscher Hasenbraten mit
Kartoffeln und Gurkensalat

Montag:

Gequirlte saure Milchsuppe mit
Ueberstreuseln von geriebenen Schwarzbrot mit
Zucker und Zimmet gemengt.
Schoten mit Kotelet und Kartoffeln

Dienstag:

Saure Kirschsuppe,
Brechbohnen mit
gebratenem Hering und Kartoffeln

Mittwoch:

Weißbiersuppe mit Sago,
Blumenkohl und Holländischer Soße und
Bouletten

Donnerstag:

Reissuppe,
Gulasch und Kartoffeln

Freitag:

Kalbfleischbrühe,
das Kalbfleisch als Frikassee zurechtgemacht

Sonnabend:

Linsensuppe,
Hecht und Aal grün gekocht und
Kartoffeln

Rezepte von damals – ein Spiegel der Zeit

Im Zuge der einschneidenden Veränderungen des 19. Jahrhunderts wächst auch das Interesse an Rezepten für die Alltags- und Festtagsküche, vor allem in den bürgerlichen Haushaltsgemeinschaften. Diesem Interesse wird Henriette Davidis mit ihrem im Jahre 1844 erschienenen Werk »*Praktisches Kochbuch für die gewöhnliche und feinere Küche*« absolut gerecht. Die im Jahre 1801 geborene Tochter eines Pfarrers aus Wengern an der Ruhr prägte die deutsche Kochkultur durch ihre umfangreiche Rezeptsammlung ganz entscheidend. Gleichzeitig erhob Henriette Davidis die Rolle der Frau als Hausfrau, Gattin und Mutter zum Ideal und forderte zugleich eine Berufsausbildung für Mädchen. Henriette Davidis starb im Jahre 1876. Sie blieb bis zu ihrem Tode unverheiratet und arbeitete als erfolgreiche Schriftstellerin und Pädagogin. Ihr Kochbuch wurde ein regelrechter Bestseller. Neben einfachen Rezepten für den Alltag und besonderen Speisen für Gäste gab es zahlreiche Tipps für die Führung eines Haushalts. Insgesamt zeichneten inländische wie auch ausländische Speisen ihre Rezeptsammlung der deutschen Küche aus, allerdings auch mit aus unserer heutigen Sicht eher ungewöhnlichen Köstlichkeiten und Kuriositäten: Wie wäre es mit einer Biersuppe als Mahlzeit für den gewöhnlichen Tisch? Zum Festmahl gibt es dann Seezungen auf Bremer Weise mit Kartoffelsalat, auch heute noch eine erlesene Spezialität. Danach einen Pudding der feinsten Sorte. Als Abenddelikatesse empfiehlt sich vielleicht ein gebackener Biberschwanz. Ein Fischotter, in Butter gebraten, eignet sich für karge Zeiten als Fastenspeise.
Lassen Sie sich von den folgenden Rezepten inspirieren, die wir aus der uns vorliegenden 35. Auflage von 1896 ausgewählt haben.

Schnell zu machende Biersuppe

Auf jede Person rechne man ¼ l Bier, ebensoviel Wasser, lasse es kochen, gebe den nötigen Zucker und eine Messerspitze Salz hinzu. Dann rühre man je 1 Eidotter und 1 gehäuften Theelöffel Kartoffelmehl zusammen mit etwas kaltem Wasser an, gebe unter beständigem Rühren nach und nach von dem kochenden Bier hinzu und gieße es wieder in den Topf hinein, indem man die Suppe gut durchrührt, den Topf schnell vom Feuer nimmt und durch Weiterrühren das Gerinnen verhütet.

Seezungen auf Bremer Weise

Man bereitet die Seezungen vor und schneidet sie, falls sie groß sind, in mehrere Stücke, sonst läßt man sie ganz, salzt sie ein und stellt sie eine Stunde beiseite. Darauf trocknet man sie ab, wendet sie erst in zerlassener Butter, dann in Ei und Reibbrot, und bäckt sie in Backfett aus. Inzwischen verrührt man 200 g schäumig geriebene Butter mit 2 Löffeln Sardellenbutter, dem Saft von 2 Zitronen, Salz, Muskatnuß, 1 Löffel Senf und 1 Löffel gewiegter Petersilie zu sahnenartiger Masse. Man schichtet die Seezungenschnitte übereinander, verteilt die Buttermasse dazwischen und gibt sie so mit Salzkartoffeln und einem Schüsselchen Kartoffelsalat zu Tisch.

Kabinett-Pudding

Erforderlich sind für 12–14 Personen 125 g ganz feines Mehl, 125 g Zucker, 3/10 l Milch, 125 g Butter, 10 frische Eier, 30 g Zitronat und 30 g Orangenschalen, in Streifen geschnitten, 70 g gestoßene bittere Makronen, 100 g Korinthen, 100 g Sultanrosinen oder ausgesteinte, in Stückchen geschnittene gewöhnliche Rosinen. Das Mehl wird mit der Milch zerrührt und mit der Hälfte der Butter solange über Feuer gerührt, bis die Masse sich vom Topfe löst. Dann reibt man die übrige Butter zu Sahne, rührt obige Teile nacheinander hinzu, dann die Makronen, vermengt dies mit dem Angerührten und mischt zuletzt den steifen Schaum der Eier leicht durch. Der Pudding wird 2½ Stunden gekocht und eine Schaumsauce dazugegeben.

Gesundheit kann man essen!

Unsere Reise in die Vergangenheit deutscher Esskultur hat gezeigt, dass im Alltag des 18. bis 19. Jahrhunderts längst nicht so üppig aufgetischt wurde, wie man vermuten könnte. Viele Rezepte auf der Basis von Kartoffeln, Gemüse, sparsam kombiniert mit wenig Fleisch und Fisch, entsprechen in ihrer Mengenverteilung durchaus den Anforderungen heutiger Ernährungslehren. Der Sonntagsbraten hatte seinem Namen zu Recht, denn er wurde in den meisten Haushalten tatsächlich nur einmal in der Woche zubereitet.

Die Hausfrau der damaligen Zeit verstand von Küchenkräutern und deren Verwendung ebensoviel wie von rationeller Vorratswirtschaft und Resteverwertung. Ein Küchenzettel für eine Woche im Voraus geschrieben und der Umgang mit einem meist schmalen Budget für die Haushaltsführung waren ihre Stärke. So ist es durchaus interessant, die gewachsene Vielfalt der deutschen Küche in einer Art »Rückbesinnung an die gute alte Zeit« in ausgewählten Rezepten wieder aufleben zu lassen.

Wir wissen heute relativ genau, welche Lebensmittel unsere Gesundheit fördern und von welchen wir eigentlich eher weniger essen sollten.

Ein Beispiel: Im fruchtigen Gemüsetopf auf Seite 34 wird Fleisch neben Gemüse, Obst und Kartoffeln verarbeitet, eine bunte Vielfalt. Jeder Nährstoff, den wir essen, hat im Körper ganz spezielle Aufgaben zu erfüllen. Je vielfältiger wir also unsere Mahlzeiten zusammenstellen, umso besser. Zum Beispiel brauchen wir möglichst viele gesunde Kohlenhydrate – Brot, Kartoffeln, Nudeln oder Reis –, das heißt, man kann durchaus zu solch einem Eintopf auch noch eine Scheibe Brot dazulegen, um satt zu werden. Oder morgens und am Abend ergänzen Vollkornbrot mit Käse und Quark dieses Mittagessen. Ein Stück Obst als Zwischenmahlzeit, hin und wieder eine kleine süße Leckerei, nicht mehr als eine Handvoll, und genügend zu trinken, vervollständigen den Speiseplan. Wer darf und möchte, trinkt, wo es passt, auch mal ein Gläschen Wein oder ein kühles Bier dazu.

Der Schlüssel zur gesunden Ernährung liegt also in der Kunst, richtig auszuwählen und Mahlzeiten geschickt zusammenzustellen. So wird der Körper mit allem Notwendigen versorgt, und die Figur bleibt auch im Lot.

Kochen leicht gemacht

Am Anfang war die Tat.
(J. W. von Goethe, »*Faust*«)

Wer ein Rezept lesen kann, kann auch kochen. Also nur Mut, trauen Sie sich! Wenn das Gericht trotzdem nicht gelingt, verzweifeln Sie nicht. Vielleicht fehlt es an der richtigen Ausstattung oder es liegt am Einkauf. Vielleicht lässt sich das Rezept schwer interpretieren oder lässt Fragen offen. Bevor es ans Kochen geht, gibt es daher für das Handwerkszeug zum Kochen einige Grundregeln.

Was Sie unbedingt in Ihrer Küche brauchen

Messer und Bretter

Zu jeder Küche gehören gute Messer. Damit sind durchaus keine teuren Messer gemeint, sondern in erster Linie scharfe Messer. Messer müssen gut ausbalanciert sein: Falls sie einmal herunterfallen, sollten sie mit dem Griff zuerst aufkommen.
Achten Sie darauf, dass der Griff angenehm in der Hand liegt, denn kantige Griffe können auf Dauer anstrengend sein. Für Menschen mit schmalen Händen eignen sich kurze Griffe. Menschen mit breiten Händen brauchen lange Griffe.
Messer sind Gebrauchsgegenstände und müssen dementsprechend gepflegt werden, das heißt, sie müssen scharf gehalten werden, vorzugsweise mit dem Wetzstahl, wobei man von der Spitze zum Griff in einem flachen Winkel von ca. 15–20 Grad schärft. Messer gehören nicht in den Geschirrspüler, weil sie durch den Wechsel von heiß und kalt stumpf werden können. Am besten bewahrt man die Messer

im Messerblock mit dem Messerrücken nach unten auf: Ruht das Gewicht des Messers auf der Schneide, wird es schneller stumpf.
Zum Kochen benötigen Sie ein großes (Klinge mindestens 20 cm lang) und vor allem scharfes Messer, ein mittleres Messer zum Schneiden von Obst und Gemüse und ein kleineres Schälmesser (ebenfalls scharf).
Hat man keinen Messerblock, sollte man die Messer mit einem Klingenschutz versehen. In einer Besteckschublade kann man sich verletzen, die Messer werden schneller stumpf.
In jede Küche gehört mindestens ein größeres Schneidbrett. Es eignen sich aus hygienischen Gründen Schneidbretter aus Kunststoff. Das Brett sollte eine Rinne zum Ablaufen haben, um den Fleisch- oder Gemüsesaft aufzufangen. Glas- oder Marmorbretter schädigen auf Dauer Messerklingen. Geschnittene Lebensmittel schiebt man mit dem Messerrücken vom Schneidbrett!

Töpfe und Pfannen

Die Töpfe und Pfannen müssen schwer sein, damit sie nicht auf der Herdplatte verrutschen und nicht so leicht zerbeulen. Sie sollten einen Sandwichboden haben, um die Wärme besser halten zu können. Achten Sie darauf, dass die Griffe nicht wärmeleitend sind.
Für beschichtete Töpfe und auch Pfannen gilt: Nicht mit Metall schneiden, rühren oder kratzen, sonst beschädigt man die Beschichtung! Ist das passiert, sollte man den Topf oder die Pfanne nicht mehr benutzen, denn die Gerichte können dann anbrennen oder anbacken, und der Abrieb der Beschichtung kann gesundheitsschädigend sein.
Eine Pfanne sollte leicht genug sein, um sie mit einer Hand hochheben und schwenken zu können. Am

besten ist es, wenn der Griff der Pfanne abnehmbar ist, damit man sie auch in den Backofen stellen kann. So kann man einfach in der Pfanne Angebratenes überbacken.

Ob es eine Pfanne aus Stahl mit Teflonbeschichtung, aus Edelstahl, Kupfer, Gusseisen oder einem anderen Material sein soll, hängt davon ab, wofür die Pfanne eingesetzt wird. Weiterhin hängt es davon ab, was Sie kochen möchten, welchen Herd Sie besitzen

und nicht zuletzt von Ihren persönlichen Vorlieben und Gewohnheiten.

Grundsätzlich ist es egal, ob die Pfanne auf einem Gasherd oder einem Elektroherd steht, aber nicht alle Pfannen sind für den Induktionsherd geeignet. Wer auf Kochen mit wenig Fett achtet, sollte eine Pfanne mit Beschichtung wählen: Damit kann mit wenig oder sogar ohne Fett gebraten und geschmort werden. Hier gilt: Hochqualitative Pfannen haben ihren Preis, sind dafür aber auch langlebiger.

Sehr empfehlenswert sind Pfannen und Kochtöpfe aus Aluguss mit einer Beschichtung, der scharfe Messer und Gabeln nichts anhaben können. Die Profis bevorzugen Kupfer und Eisen: Kupferpfannen heizen schnell auf, verteilen die Wärme sehr gleichmäßig und kühlen ebenso schnell wieder ab. Der Nachteil ist, dass Kupfer sehr oft poliert werden muss, das heißt, eine Kupferpfanne ist extrem aufwendig in der Pflege. Eisen ist ebenfalls sehr hitzebeständig, heizt schnell auf und verteilt die Wärme gleichmäßig. Nachteil: Es ist sehr schwer. Für den normalen Hausgebrauch haben sich deshalb Pfannen mit Beschichtung oder aus Aluguss durchgesetzt.

Weitere Küchengeräte

Küchengeräte jeder Art sind nur sinnvoll, wenn man sie schnell bei der Hand hat: Ein Küchengerät im Keller oder im Abstellraum benutzt man eher selten. Ist kein Platz für das Gerät in der Küche, lohnt in der Regel die Anschaffung nicht.

Ein Handmixer und ein Pürierstab bzw. ein Kombigerät erleichtern die Arbeit beim Kochen. Unerlässlich sind ein scharfer Gemüsehobel und eine Küchenreibe oder gleich eine Küchenmaschine, wenn Sie genug Stellfläche haben.

Diese wichtigsten Küchenhelfer sollten in keiner Küche fehlen:

• Kochlöffel und Kochspatel
• zwei Kellen unterschiedlicher Größe
• Pfannenwender
• Schneebesen
• Kartoffelstampfer

- zwei Siebe unterschiedlicher Größe
- ein Satz Schüsseln
- Messbecher
- Schaumkelle
- Dosenöffner
- Flaschenöffner
- Mixbecher oder kleines Schraubglas (falls Sie keinen Shaker haben)
- Sparschäler (ein spezieller Schäler für Kartoffeln, Obst und Gemüse, der die Schale besonders dünn und gleichmäßig entfernt)

Damit nichts schiefgeht

Bevor Sie sich an den praktischen Teil machen, haben wir Ihnen hier Tipps und Tricks zusammengestellt, die das Kochen leichter machen, und Fachbegriffe erläutert, mit denen Sie jedes Rezept knacken können.

Praktische Ratschläge – so gelingt's

Wussten Sie schon, dass sie den unangenehmen Kohlgeruch in der Küche vermindern können, wenn Sie ein Stückchen Brotkruste mitkochen? Hier finden Sie weitere praktische Tipps und Tricks, bevor es ans Kochen geht.

- **Tomaten** werden geschält, indem man sie gegenüber dem Stielansatz kreuzweise einritzt und kurz in kochendes Wasser legt. Wenn sich die Haut am eingeritzten Kreuz leicht anhebt, die Tomaten herausnehmen und kalt abspülen, dann lässt sich die Haut leicht abziehen.
- Werden Auberginen zubereitet, salzt man die in Scheiben geschnittenen **Auberginen** ein und lässt sie etwas stehen, bis sie Wasser ziehen, und spült sie dann ab. Das Salz vertreibt die Bitterstoffe.
- **Porree, Zwiebeln** oder **Champignons** lassen sich mit einem Gurkenhobel in feine und gleichmäßige Scheiben schneiden.

- Wer **Zwiebeln** mit einem mechanischen oder elektrischen Hacker **zerkleinert,** sollte unbedingt auf scharfe Hackmesser achten, sonst werden die Zwiebeln gequetscht und entwickeln Bitterstoffe.
- Auch **geriebene Zwiebeln** oder zu klein gehackte Zwiebeln können Bitterstoffe entwickeln.
- **Pilze** sollten nicht gewaschen werden, denn sie ziehen sehr viel Wasser und geben es dann beim Braten oder Schmoren wieder ab. Pilze abbürsten, oder wenn sie sehr schmutzig sind, eine Schüssel mit Wasser füllen und eine Handvoll Mehl hinzugeben. Waschen Sie die Pilze in dem Mehlwasser, verschließt das Mehl die Pilzporen und hält so das Wasser fern.
- **Hülsenfrüchte** werden schneller weich, wenn man etwas Backpulver oder Natron ins Einweichwasser gibt.
- Beim Schälen von **Knoblauchzehen** wird die Zehe kurz auf das Schneidbrett gedrückt, dann lässt sie sich leichter pellen.
- Brauchen Sie **Zitronensaft,** rollen Sie die Zitronen vorher mit etwas Druck auf dem Schneidbrett hin und her, das löst das Fruchtfleisch etwas von der Schale, und die Zitrone ist ergiebiger.
- **Gekochte Kartoffeln** für den Salat oder für Bratkartoffeln mit dem Eierschneider schneiden, das spart Zeit. Das gilt auch für das Schneiden von Champignons und Mozzarella.
- **Bratkartoffeln** werden schön knusprig, bestreut man sie vor dem Braten mit etwas Mehl.
- **Pellkartoffeln** lassen sich leichter pellen, wenn Sie einen Tropfen Öl ins kochende Wasser geben.
- **Nudeln,** die aneinander kleben, übergießt man kurz mit heißem Wasser und lässt die Nudeln abtropfen. Achtung: Kein Öl ins Kochwasser geben, denn dann haftet später die Nudelsoße nicht an den Nudeln!
- Kocht man **Gewürze** mit, die später nicht mitgegessen werden sollen, z. B. Gewürzkörner, Lorbeerblätter, Kümmel, Nelken oder Ähnliches, füllt man die Gewürze in ein Teeei oder in einen Teefilter aus Filterpapier, welches später problemlos aus dem jeweiligen Gericht entfernt werden kann.

- **»Weiche« Kräuter** (z. B. Petersilie, Basilikum, Schnittlauch) sollten nicht zerhackt oder püriert werden, da sie so nicht ihr ganzes Aroma entfalten und mitunter bitter werden. Solche Kräuter sollte man schneiden, wiegen oder mörsern. Wiegen kann man mit einem Wiegemesser oder mit einem großen Kochmesser, mörsern kann man mit Mörser und Stößel. Und: »Weiche« Kräuter erst ganz zum Schluss in das Gericht geben, wenn es nicht mehr kocht, sonst zerkochen die Aromen und Geschmacksstoffe!
- **»Harte« Kräuter** (z. B. Rosmarin und Thymian) entfalten ihren Geschmack erst beim Kochen oder Braten. Allerdings sollte man diese Kräuter nach dem Kochen wieder entfernen oder sehr klein hacken.
- **Getrocknete Kräuter** sollten kurz zwischen den Händen verrieben werden, dann entfalten sie ihre Aromen besser.
- An **süße Gerichte** ein Prise Salz und an **deftige Gerichte** eine Prise Zucker geben. Gegensätzliche Gewürze schmeckt man nicht hervor, sie unterstreichen aber den gewünschten Geschmack.
- Wenn in einem Rezept **Muskatnuss** oder **Ingwer** als Gewürz angegeben ist, sind immer frische Gewürze gemeint. Das jeweilige Aroma schmeckt frisch intensiver und ist nicht mit fertigen Gewürzen (Gewürzpulver) zu vergleichen.
- **Fett** in der Pfanne spritzt nicht beim Erhitzen, wenn man etwas Salz hineingibt.
- Die **Milch** kocht nicht über, wenn man den Topfrand einfettet.
- **Eier,** deren Schalen gesprungen sind, wickelt man am besten zum Kochen fest in Alufolie oder man gibt einen Spritzer Essig ins Kochwasser, so läuft nichts aus.
- Beim Backen kann **Backpulver** durch Natron oder Alkohol (egal welche Sorte) 1:1 ersetzt werden.
- Wer **Sahne** steif schlagen möchte, sollte sie vorher gut kühlen, dann wird sie schneller steif.
- Wenn Sie **Teig** mit den Händen zubereiten, reiben Sie die Hände vorher mit ein paar Tropfen Öl ein, dann klebt er nicht an den Händen. Das funktioniert auch bei Mett (Hackfleisch).

Maßeinheiten

Wiegen Sie genau ab! Berechnen Sie für 1 TL 5 g, für 1 EL 15 g, für einen vollen Kaffeebecher 250 ml und für eine Kaffeetasse 150 ml. Eine Prise ist so viel, wie sie zwischen Daumen und Zeigefinger fassen können.

Keine Angst vor Fachbegriffen!

Im Laufe der Zeit haben sich viele Spezialbegriffe eingebürgert, die vor allem aus der französischen Küche stammen. Hier finden Sie eine Übersicht über die wichtigsten Ausdrücke.

- **Ablöschen:** Angeröstetes Fleisch oder Gemüse wird mit Flüssigkeit übergossen (Wasser, Brühe, Wein oder Ähnliches), so wird der Bratensatz gelöst, und die Röstaromen gehen in die Flüssigkeit über und bilden den Grundgeschmack für die Soße. Das Ablöschen wird auch **Deglacieren** genannt.

- **Abbinden:** Darunter versteht man das Andicken von Suppen und Soßen mit einem fertig hergestellten Soßenbinder oder Speisestärke bzw. Mehl. Für 250 ml Soße benötigt man 1 EL Speisestärke oder Mehl und 1–2 EL Wasser, die miteinander »frei von Klumpen« verrührt werden. Dickt man eine Suppe an, reicht diese Mischung für 500 ml.
- **Anschwitzen:** Mehl in Fett bei schwacher oder mittlerer Hitze unter Rühren etwas Farbe nehmen lassen. Durch das Hinzufügen von Flüssigkeit entsteht so eine Soße.
- **Beizen:** Die sogenannte Beize besteht aus gewürztem Wein oder Essig. Fleisch (vor allem Wild) oder Fisch wird darin eingelegt.
- **Blanchieren:** Gemüse wird 1–5 Minuten lang in kochendes Wasser gegeben und anschließend mit Eiswasser abgeschreckt. Dadurch erhält es eine kräftige, schöne Farbe. Das Gemüse bleibt knackig, bissfest und länger haltbar.
- **Blindbacken:** So nennt man das Backen von Teigböden mit Rand, z. B. aus Blätterteig, die zum späteren Füllen erst leer gebacken werden, indem man Erbsen oder Linsen mitbackt und sie dann später entfernt.
- **Filetieren:** Bei Fleisch und Fisch werden Knochen und Gräten entfernt, anschließend wird das Fleisch in längliche Scheiben geschnitten. Bei Obst wird die Schale entfernt, dann wird das Obst in einzelne Spalten geschnitten.
- **Flambieren:** Beim Flambieren wird das fertige Gericht mit Alkohol begossen und angezündet. Das Aroma des Gerichts wird damit verfeinert, weil es den Geschmack des jeweiligen Alkohols annimmt. Flambiert wird oft erst beim Servieren.
- **Fond:** Die Flüssigkeit, die beim Garen von Lebensmitteln entsteht. Ein Fond ist die Grundlage einer guten Soße und enthält viele Geschmacksstoffe der gegarten Lebensmittel. Einen Fond kann man mittlerweile auch in jedem gut sortierten Supermarkt kaufen.
- **Julienne:** fein geschnittene Gemüsestreifen.

- **Karamellisieren:** Das Erhitzen von Zucker, bis er flüssig geworden ist und eine goldgelbe Farbe angenommen hat.
- **Legieren:** Das Einrühren von Eigelb, verquirlt mit etwas Sahne, in heiße Suppe, Frikassee etc. Nach dem Legieren darf die Speise nicht mehr kochen, da sonst das Eigelb gerinnt. Das Legieren wird in alten Kochbüchern auch Abziehen genannt.
- **Passieren:** Suppen, Soßen, Fonds und andere Flüssigkeiten, die auch gegarte Bestandteile (z. B. Gemüse, Knochen, Gräten etc.) enthalten können, werden durch ein feines Sieb oder durch ein Tuch gegossen, gestrichen oder gedrückt. Im Gegensatz zum Pürieren werden beim Passieren große Bestandteile nicht zerkleinert, sondern entfernt.
- **Pürieren:** Das Kochgut wird zu einem Brei verarbeitet.

- **Pochieren:** Aufgeschlagene Eier in kochendem Essigwasser oder in Brühe garen lassen, so dass sich Fäden bilden, oder Fisch in nicht mehr kochendem Wasser ziehen lassen.
- **Reduzieren:** Flüssigkeit, die während des Kochens entstanden ist, wird reduziert, in dem man sie in einem offenen Topf bis auf einen gewünschten Rest verkochen lässt. Dies konzentriert den Geschmack der verbleibenden Brühe oder Soße.
- **Spicken:** Wenn man vor dem Garen kleine Taschen in das Fleisch schneidet und diese z. B. mit Speck oder Knoblauch füllt. Das Spicken wird auch **Lardieren** genannt.

- **Sud:** Das Gleiche wie Brühe oder Fond.
- **Tranchieren:** Der Begriff Tranchieren bezeichnet das In-Scheiben-schneiden oder das richtige und kunstvolle Zerlegen von zubereitetem Fleisch, Fisch, Geflügel, aber auch von Obst und Gemüse.
- **Ziselieren:** In das Koch- oder Bratgut kleine Einschnitte machen, um das Aufspringen oder Zerreißen zu verhindern und ein gleichmäßiges Braten zu ermöglichen. Das macht man z. B. an Fetträndern von Fleischstücken, an Schwarte vom Braten oder bei Fisch.

Wer plant, hat's leichter: Einkaufen und Vorratshaltung

Beim Einkaufen hat man heute ein großes und kaum überschaubares Angebot an Lebensmitteln zur Auswahl: frisch, tiefgekühlt, aus der Dose … Die richtige und gute Ernährung beginnt bereits hier.
Überlegen Sie vorher, welche Speisen Sie zubereiten wollen und welche Lebensmittel Sie dazu benötigen. Ein Speiseplan und ein Einkaufszettel machen uns weniger anfällig für Verführungen durch die Werbung.

Der Einkauf

Nach der Devise »Iss bunt, lebe gesund« sollte auch der Wocheneinkaufsplan sein. Abwechslung beim Essen vermeidet eine einseitige und langweilige Ernährung! Wir empfehlen:
- Die Lebensmittel nicht auf Vorrat einkaufen. Ein Grundbedarf ist ausreichend. Zu viele Lebensmittel auf einmal führen zur Überfüllung der Vorratsschränke und Überlagerung der Lebensmittel.
- Gehen Sie nur einkaufen, wenn Sie satt sind! Hungergefühle verleiten oft zum Einkauf von Lebensmitteln, die man nicht braucht.
- Vor dem **Einkauf** eine Liste erstellen. Achtung: Wochenangebote nur einkaufen, wenn sie auch wirklich gebraucht werden.

- Auf das **Haltbarkeitsdatum** achten, denn Lebensmittel, die kurz vorm Ablaufen sind, lagern schon zu lange im Geschäft.
- Statt Konserven **frisches** oder **tielgekühltes Obst und Gemüse** einkaufen. Durch die Konservierung gehen Farbe, Konsistenz, Vitamine und Mineralstoffe verloren.
- **Gekühlte** und **gefrorene Ware** schon beim Einkauf in Kühltaschen oder -boxen packen.
- Auf **Familienpackungen** verzichten, denn oft sind sie nicht billiger als kleinere Packungen.
- Teuer heißt nicht automatisch besser! **No-Name-Produkte** werden sehr oft von bekannten Markenherstellern produziert. Eine Liste von No-Name-Produkten und -Herstellern finden Sie im Internet bzw. erhalten Sie bei der Verbraucherschutzzentrale.
- Gemüse, Kartoffeln und Obst, wenn möglich, gleich beim **Erzeuger** kaufen. Viele Landwirte bieten ihre Produkte auf Märkten direkt vom Feld (zum Beispiel Erdbeeren und Spargel) oder in Hofläden an.
- Kaufen Sie **regionale** und **jahreszeitlich verfügbare** Lebensmittel.

Bio und Öko – was Sie beachten sollten

Grundsätzlich gilt für Einkauf und Zubereitung der Rezepte: Verwenden Sie nur frische und unverarbeitete Lebensmittel, mit Ausnahme von Tiefkühlware und gekörnter Brühe: Diese empfehlen sich immer dann, wenn es bei der Zubereitung der Mahlzeiten schneller gehen soll oder frische Ware nicht erhältlich ist. Immer mehr Menschen legen heute Wert auf eine ökologische Produktion ihrer Lebensmittel. Bioware wird produziert, ohne die Lebensmittel und Umwelt mit Schadstoffen (z. B. Pestizide und Insektizide) zu belasten, bei der Herstellung werden auf die üblichen Zusatzstoffe (z. B. Konservierungsstoffe) verzichtet. In einigen Rezepten verwenden wir ausschließlich Produkte aus ökologischem Anbau – warum, wird in jedem Rezept erklärt. Wenn Sie generell ökologisch einkaufen und kochen möchten, gilt:

- Bei **Fleisch** sollte Herkunft und Aufzuchtsart des Tieres bekannt sein. Tiere, die Biofleisch und Bioprodukte liefern, haben genügend Auslauf und bekommen reines, ungespritztes Futter aus der Region. Tiermehl oder genmanipulierte Stoffe im Futter sowie Muskelaufbaupräparate sind verboten. Die gute Aufzucht, Pflege und Schlachtung der Tiere macht sich zwar in höheren Preisen bemerkbar, bietet aber schmackhafteres und gesünderes Fleisch.
- **Fisch:** So beliebt Fisch in der deutschen Küche auch heute ist, beim Einkauf ist zu beachten: Viele Fischbestände sind stark überfischt, manche Fischarten wie der Flussaal sind bereits vom Aussterben bedroht. Verantwortungsbewusste Verbraucher sollten sich daher über kontrollierte Arten des Fischfangs informieren.
- **Gemüse und Obst** sollten möglichst aus der Region und frisch geerntet entsprechend der Jahreszeit auf den Tisch kommen. Es kann vollreif geerntet werden, weil die kurzen Wege zum Verbraucher die Frische garantieren. Gemüse und Obst aus Übersee wird oft noch unreif geerntet und reift auf dem Transportweg künstlich nach. Dadurch leidet der Geschmack, außerdem wird durch die Transportwege die Umwelt belastet.
- **Eier** aus der ökologischen Freilandhaltung sind auf Grund der artgerechten Haltung der Tiere zu bevorzugen. Das gilt ganz besonders bei Rezepten, in denen rohe Eier verwendet werden.

Die richtige Vorratshaltung

Auch bei der Vorratshaltung gibt es einige Dinge zu beachten, damit Ihre vorrätigen Lebensmittel möglichst lange halten.

- **Angebrochene Lebensmittel** und Verpackungen in festverschließbare Vorratsbehälter umfüllen, dann bleibt die Frische, das Aroma und der Geschmack erhalten. Die Luftfeuchtigkeit wird von offen stehenden Lebensmitteln aufgenommen und lässt sie dadurch weich oder pappig werden. »Untermieter« (Mehlmotten, Würmer u.Ä.), die versehentlich mit eingekauft wurden, bleiben so in einem Behälter und wandern nicht durch die ganzen Vorräte.
- **Süße Lebensmittel** in Vorratsbehälter packen. Sie sind die Lieblingsspeise von Ameisen; manche Verpackungen sind nicht »ameisensicher«.
- Es gibt viele Arten praktischer **Vorratsdosen**. Wichtig ist, dass sie luftdicht zu verschließen sind. So bleiben Lebensmittel bis zum Haltbarkeitsdatum frisch. Das Mindesthaltbarkeitsdatum und den Inhalt mit einem Klebeetikett am Behälter vermerken.
- Auf Metalldosen oder Metallverschlüsse verzichten bzw. regelmäßig auf Rost untersuchen. Der Rost kann in die Lebensmittel gelangen!
- Die **Behälter,** die für die Vorratshaltung benutzt werden, müssen das Normzeichen (Glas und Gabel) für Lebensmittelbehälter tragen. So ist gesichert, dass sie »säurebeständig« sind.
- Den Inhalt oder die Reste von geöffneten **Konservendosen,** die innen keine Beschichtung haben, unbedingt umfüllen: Die Lebensmittel bekommen sonst einen metallischen Geschmack, da das Metall der unbeschichteten Dosen nach dem Öffnen mit dem Sauerstoff reagiert.

- Viele Lebensmittel müssen trocken und dunkel gelagert werden, stellen Sie sie daher nach Möglichkeit in den Schrank.
- **Frisches Obst** und **Gemüse** ungewaschen im Kühlschrank (bis auf bestimmte Sorten, siehe s. 64/65) lagern. Auch hierfür sollten verschließbare Behälter benutzt werden. Obst und Gemüse verliert bei der Lagerung Wasser, auch im Kühlschrank. Auch die Festigkeit und Vitamine gehen verloren.
- **Kartoffeln, Tomaten** und **Äpfel** immer für sich lagern, denn sie geben Ethylen ab. Das ist ein Gas, das andere Obst- und Gemüsesorten weiterreifen lässt bzw. dafür sorgt, dass sie schneller verderben.
- **Konserven** bei einer Temperatur von 12–18 °C aufbewahren. Konserven in Gläsern im Dunkeln lagern!
- Die Lebensmittel in **Konserven** mit gewölbten Deckel oder Boden sind verdorben! Daher nicht öffnen oder werfen, die Dose steht unter Druck.
- **Wein** liegend und **Flaschenbier** stehend lagern.
- Im Kühlschrank ist darauf zu achten, dass eine Luftzirkulation stattfinden kann, deshalb zwischen den Lebensmitteln etwas Platz lassen.
- Den **Kühlschrank** und den **Vorratsschrank** übersichtlich einräumen. Dadurch wird ein langes Suchen oder Übersehen der Lebensmittel vermieden. Die älteren Sachen nach vorn räumen.
- Das **Frischfleisch** nach dem Einkauf aus den Plastiktüten nehmen. Entsprechende Behälter mit Gitter oder Siebeinsatz benutzen. Fleisch, das in Plastiktüten liegenbleibt, nimmt den Geschmack der Tüten an.
- Die **Reste** von zubereitetem Essen nach dem Abkühlen sofort in den Kühlschrank stellen. Damit die Lebensmittel nicht austrocknen, mit Frischhaltefolie abdecken oder in entsprechende Behälter umfüllen.

Suppen und Eintöpfe

Ein Blick in die Geschichte

»Die Suppe ist eine gesunde, leicht nährende Speise, die aller Welt zusagt; sie erfreut den Magen und stimmt ihn zur Aufnahme und zur Verdauung«, schrieb Jean Anthelme Brillat-Savarin zu Beginn des 19. Jahrhunderts in seinem Werk »Physiologie des Geschmacks«. Auch wenn die Franzosen die Suppe als Grundlage der nationalen französischen Ernäh-rung bezeichnen und für sich beanspruchen, dass man nirgends so gute Suppen isst wie in ihrem Land, krönte und krönt eine gute Suppe auch heute jede Feinschmecker-Mahlzeit in deutschen Landen. Entweder als Vorspeise oder gar als Hauptgericht weist kaum eine Speise so viele Variationsmöglichkeiten auf. In dem Kochbuch von Johanna und Günter Braun werden die Vorzüge dieser allseits beliebten Suppe, die übrigens eine Schlürfspeise ist, genussvoll beschrieben:

»Ein Löffel voller Suppe hält verschiedene Gemüse bereit, die geröstete Zwiebel, das gewürzte Fleisch-stückchen, den aufdringlichen Sellerie, die eierreiche Nudel, den nußartigen Knoblauch, die süßliche Mohrrübe. Oder verschiedenartige Fische, trocknen Dorsch, saftigen Rotbarsch, auch die Heringsgräte, die nur der Schlürfer rechtzeitig bemerkt, und die ihm daher nicht im Halse stecken bleibt.«

Eine gute Suppe zu kochen erfordert zweifelsohne einiges Können, Zeit, Geduld und vor allem frische Zutaten. Henriette Davidis gibt in ihrem Kochbuch des 19. Jahrhunderts wertvolle Hinweise für ihre Zubereitung. Sie beginnt mit der Grundlage einer guten Suppe, der Fleischbrühe:

Gemüse – die inneren Werte zählen

Am gesündesten sind Gemüsesorten, die besonders intensiv riechen oder schmecken und eine intensive Farbe haben. Gemüse enthält viele wichtige Vitamine und Mineralstoffe, z. B. liefern rote Gemüsesorten die Vorstufe des Vitamin A, das sogenannte Beta-Carotin, wichtig für gutes Sehen. Außerdem stärken sekundäre Pflanzenstoffe das Immunsystem und senken das Risiko von Krebs oder Herz-Kreislauf-Erkrankungen. Reife Gemüsesorten sollten zügig verarbeitet werden: Innerhalb von zwei Tagen kann sich der Vitamingehalt erheblich verringern. Günstig ist die Aufbewahrung im Gemüsefach des Kühlschranks, wobei Sorten wie z. B. Kartoffeln, Tomaten, grüne Gurken und Zucchini als kälteempfindliche Gemüsesorten besser im kühlen Vorrats- oder Kellerraum lagern.
Berufstätige greifen gerne zu Tiefkühlkost. Das geht schnell, und in der Frostung bleiben alle Vitamine optimal erhalten, denn Tiefkühlgemüse wird oft schon in den ersten fünf Stunden nach der Ernte schockgefroren. Es kann dazu reifer und damit vitaminhaltiger geerntet werden als Gemüse, das noch lange Transportwege vor sich hat. Die Natur hat uns gezeigt, dass in Eis und Schnee Zerfallsprozesse unterbunden werden, Lebensmittel bleiben also in ihrem natürlichen Frischezustand erhalten, bis sie verbraucht werden.

Wahl des Fleisches:

Das Fleisch, welches man zur Zubereitung einer guten Bouillon benutzen will, muß frisch sein. Rindfleisch aus der Keule sowie das Schwanzstück und die Oberschale liefert die kräftige Bouillon; doch bereitet man aus jeder Fleischsorte, es sei Hammel-, Kalb-, Wildfleisch oder Geflügel, eine gute Fleischbrühe von verschiedenartigem Wohlgeschmack.

Behandlung des Fleisches:

Das Fleisch wasche man nur leicht ab oder vermeide das Waschen wenn möglich ganz, jedenfalls darf man das Fleisch nicht längere Zeit im Wasser liegenlassen. Beim Aufsetzen des Fleisches berücksichtige man von Anfang an das Einkochen der Brühe und bemesse danach die Menge des Wassers; ein Nachgießen nimmt der Suppe viel Wohlgeschmack. Muß jedoch ein Nachgießen erfolgen, so füge man stets kochendes, ja nicht kaltes Wasser hinzu.

Das Abschäumen:

Gutes Abschäumen darf man nicht als Nebensache betrachten, wenn man eine klare wohlschmeckende Fleischbrühe gewinnen will. Doch geschehe das Abschäumen nicht zu früh, sondern erst wenn das Fleisch eine halbe Stunde langsam gezogen hat, da der Schaum dann nur noch aus wenig trüben Eiweißflocken besteht. Man schäumt die Brühe, indem man einen Löffel kaltes Wasser in die Bouillon gießt und dann sofort den aufsteigenden Schaum abfüllt.

Das Salzen:

Da Salzgehalt des Wassers beim Auslaugen der Fleischsalze hinderlich ist, geschehe das Salzen erst nach dem Abschäumen, wo man dann auch sicherer die nötige Menge Salz abschmecken kann. Man berücksichtige aber den Umstand, daß bei dem langen Kochen die Flüssigkeit etwas schwindet, dadurch also verhältnismäßig salziger wird.

Das Kochen der Suppe:

Nachdem die Fleischbrühe langsam bis zum Kochen gekommen ist, muß sie, immer fest zugedeckt (damit das Fleischaroma nicht entweicht), an mäßig warmer Herdstelle mehr ziehen als kochen, vor allem vor Überkochen bewahrt werden. Nach einer Stunde Kochens gebe man zur Vorsicht die Bouillon durch ein reines Haarsieb, spüle das Stück Fleisch, woran sich oft etwas Schaum setzt, eben ab, bringe es mit der Bouillon, welche langsam vom Bodensatz abgegossen wird, in dem ebenfalls umgespülten Topf wieder aufs Feuer und gebe das bestimmte Wurzelwerk hinein.

Während diese allgemeinen Regeln auch heute noch von guten Köchen empfohlen werden, irritiert vielleicht eher die umfangreiche Liste der erlesenen Zutaten von Henriette Davidis für folgende Suppe:

Mockturtelsuppe

(nachgemachte Schildkrötensuppe aus dem 19. Jahrhundert)
Es wird hierzu für 24–30 Personen eine kräftige Bouillon von 8–10 Pfund Rindfleisch, Zwiebeln, Dragon, Lorbeerblättern, Nelkenpfeffer und 2–3 Nelken gekocht. Zugleich bringt man einen ganz frischen, großen, abgebrannten Kalbskopf, eine Schweineschnauze nebst Ohren, einen Ochsengaumen und eine geräucherte Ochsenzunge aufs Feuer und kocht dies alles gar, aber nicht zu weich.

Einfacher hingegen ist das moderne Rezept von Heinrich Stern aus dem »Kochbuch der Niedersächsischen Küche«:

Oldenburger Mockturtle-Suppe

Je 50 g mageres Rind- und Schweinefleisch, 50 g Rinderherz, 30 g Öl, 1 kleine Karotte, 50 g Sellerie, Stange Lauch, Salz, 80 g Rindermett, ½ Ei, ¼ Brötchen, Salz, Pfeffermühle, geriebene Muskatnuß, 20 g Butter, 20 g Mehl, 5 cl Sherry, 60 g Champignons. Fleisch und Herz in kleine Würfel schneiden und im Öl kurz anbraten, mit 1 l Wasser auffüllen und 60 Minuten leicht köcheln lassen, dann sämtliche geschälte und in Würfel geschnittene Gemüse mit etwas Salz zugeben und weitere 30 Minuten köcheln lassen. Danach durch ein Sieb geben. Aus dem Mett, Ei, eingeweichtem und ausgedrücktem Brötchen mit Salz, Pfeffer und Muskatnuss eine Mettmasse herstellen, kleine Klöschen formen und in der hergestellten Brühe gar ziehen lassen, herausnehmen und warm stellen. Aus der Butter mit dem Mehl eine helle Schwitze bereiten, in die Brühe geben, gut durchmixen und kurz aufkochen. Mit Salz, Pfeffer, Sherry abschmecken. Die in Scheiben geschnittenen Champignons, das Fleisch, Gemüse und Klöße hineingeben und servieren. Abschließender Kommentar des Kochs: »Obwohl diese Suppe etwas ganz anderes ist als die Schildkrötensuppe, im Geschmack soll sie ihr gleichen.«

Wissenswertes

- Suppen können in vielerlei Formen und Arten auftreten, von flüssig bis sämig, von heiß bis kalt, von salzig bis süß.
- Suppen gelten als Familienessen, Leibspeisen. Nationalgerichte wie die holländische Erwtensoep, der Hotchpotch, die spanische Olla podrida, der argentinische Puchdro, die serbische Bohnensuppe, die italienische Minestrone, der deutsche Pichelsteiner Topf oder die belgische Waterzooi sind die heimlichen Lieblingsspeisen.
- Zu den klaren Suppen gehören die Brühen, Kraftbrühen und doppelten Kraftbrühen. Unter Anwendung von erhitztem Wasser werden Extraktivstoffe von Fleisch, Geflügel, Wild, Fisch, Schalentie-ren, Schildkröten oder dergleichen entzogen und der Suppe zugeführt. Das Verhältnis zwischen festen Bestandteilen und Brühe beträgt etwa 1:5, bei Kraftbrühen ist der Feststoffanteil etwa doppelt so hoch. Klare Suppen regen den Magen an und haben weniger eine nährende Wirkung, weshalb diese auch bei Diäten empfohlen werden.

- Eine der bekanntesten Brühen ist die Rinderbrühe, auch Rindssuppe oder Bouillon genannt. Weitere bekannte Brühen sind Hühnerbrühe, Gemüsebrühe, klare Fischsuppe und klare Ochsenschwanzsuppe.
- Die heißen Suppen werden als Vorspeise oder Hauptgang serviert, während die gekühlten Suppen oft eine Nachspeise bilden. Das sind zum Beispiel die Kaltschalen, welche vor allem im Sommer angeboten werden.
- Viele Suppen gewinnen sehr an Geschmack, wenn man die Zutaten in Fett andünstet und dann erst mit Flüssigkeit auffüllt. Das betrifft hauptsächlich alle Suppen mit frischem Gemüse.
- Eintöpfe werden in der Fachwelt als Untergruppe der Suppen gezählt. Zur Zubereitung des Eintopfs werden mehrere Zutaten in einem Topf auf Basis von Wasser gegart. Als Hauptbestandteile gehören zum Eintopf mehrere Gemüsearten, Kartoffeln oder Reis, Hülsenfrüchte oder Teigwaren. Zudem besteht die Möglichkeit der Zubereitung mit oder ohne Fleisch, Wurst und Fisch.
- Die Basis einer guten Suppe ist neben der Brühe das Gemüse: Es gibt der Suppe den typischen Geschmack.

Kürbiscremesuppe

Zutaten *(für 4 Personen)*

1 kg Kürbisfleisch
4 Möhren
1 Zwiebel
50 g Butter
1 TL Currypulver
3 EL Hirsemehl, fein gemahlen
1 l Gemüsebrühe
frisch geriebener Ingwer
(daumennagelgroß)
Pfeffer, Salz
2 EL geröstete Sonnenblumenkerne
nach Bedarf

Küchenutensilien

großer Topf (mind. 6 l),
Schneidbrett, Kochmesser,
Pürierstab, kleine Pfanne,
Waage, Messbecher

Zubereitung

1 | Das Kürbisfleisch und die Möhren in kleine Stücke schneiden, die Zwiebel fein hacken.
2 | Die Butter im Topf zerlassen und das klein geschnittene Gemüse darin anschwitzen. Das Currypulver und Hirsemehl hinzufügen und kurz mit anschwitzen. Die Gemüsebrühe hinzugeben und unter Rühren aufkochen lassen.
3 | Etwa 10 Minuten köcheln lassen, danach mit dem Pürierstab pürieren.
4 | Mit Ingwer, Pfeffer und Salz abschmecken.
5 | Die Sonnenblumenkerne in der Pfanne ohne Fett anrösten und beim Servieren davon etwas auf die Teller geben.

Tipps und Tricks

- Empfehlenswert ist der Hokkaidokürbis. Er ist leicht zu verarbeiten, da man die Schale mit verwerten kann.
- Ist keine frische Gemüsebrühe vorhanden, rechnet man 2 Gemüsebrühwürfel für 1 l Brühe.
- Unbedingt frischen Ingwer nehmen und mit einer kleinen Reibe in die Suppe reiben, denn Ingwerpulver verfälscht den Geschmack.
- Bei Bedarf kann 100 g geschlagene Sahne unter die fertige, nicht mehr kochende Suppe gerührt werden. Aber auch ohne Sahne ist diese Suppe sehr sämig und sättigend.

Fruchtiger Gemüsetopf

(Gemüsesuppe mit Nudeleinlage)

Zutaten *(für 6 Personen)*

250 g Schweinenacken
1 l Wasser mit 2 TL Salz
250 g grüne Bohnen
250 g Möhren
250 g Kartoffeln
1 l Gemüsebrühe
250 g Birnen
250 g Äpfel
1 Prise Salz und Zucker
Essig
2 EL Petersilie, gehackt

Küchenutensilien

Schneidbrett, Kochmesser,
Gemüsemesser, großer Topf
(mind. 6 l), Waage, Messbecher

Zubereitung

1 | Das Schweinefleisch in Salzwasser gar kochen und zum Abkühlen an die Seite stellen. In der Zwischenzeit die Bohnen und Möhren putzen, die Kartoffeln schälen. Alles klein schneiden (etwa 2 x 2 cm) und in der Gemüsebrühe garen.
2 | Nach 15 Minuten die geschälten, entkernten und in Stücke geschnittenen Birnen und Äpfel zufügen und weitere 10 Minuten kochen.
3 | Mit Salz, Zucker und Essig abschmecken, das Schweinefleisch in Würfel schneiden und dazugeben, noch einmal heiß werden lassen.
4 | Mit gehackter Petersilie bestreut servieren.

Tipps und Tricks

* Zum Abschmecken einen guten milden Obstessig verwenden. Falls das Ganze zu säuerlich wird, 1 TL Zucker dazugeben.
* Der Geschmack variiert ja nach Apfel- und Birnensorte.
* Wer es gern etwas weniger fett mag, kann auch schieres Schweinefleisch nehmen.

Erbsensuppe mit Schinkenspeck

Zutaten (für 4 Personen)

250 g getrocknete gelbe
Schälerbsen
1 l Wasser
250 g Schinkenspeck am Stück
1 Bund Suppengrün
250 g Kartoffeln
etwa 3 gehäufte TL gekörnte Brühe
1 TL gerebelter Majoran
1 Zwiebel
15 g Butterschmalz
Salz, Pfeffer
1–2 EL Schnittlauchröllchen

Küchenutensilien

Sieb, großer Suppentopf (mind. 6 l),
Schneidbrett, Schälmesser oder
Sparschäler, Kochmesser, Waage,
Messbecher, kleine Pfanne, Rühr-
löffel

Zubereitung

1 | Die Erbsen in ein Sieb geben, kalt abspülen, mit dem Wasser in einen großen Topf geben und zum Kochen bringen. Wenn das Wasser kocht, den Schinkenspeck in einem Stück dazugeben. Alles bei geschlossenem Deckel bei mittlerer Hitze etwa 40 Minuten kochen lassen.

2 | In der Zwischenzeit das Suppengrün putzen und klein schneiden.

3 | Die Kartoffeln schälen und würfeln.

4 | Nach 40 Minuten Kochzeit das klein geschnittene Suppengrün, die Kartoffeln, die gekörnte Brühe und den Majoran dazugeben und noch etwa 20 Minuten kochen lassen.

5 | In der Zwischenzeit die Zwiebel schälen und in kleine Würfel schneiden, in Butterschmalz anbräunen.

6 | Nach den 20 Minuten den Schinkenspeck aus der Suppe herausnehmen, ebenfalls würfeln und zusammen mit den Zwiebeln wieder in die Suppe geben.

7 | Mit Salz und Pfeffer kräftig abschmecken und mit Schnittlauch garnieren.

Tipps und Tricks

- Geschälte Erbsen werden nicht vorher über Nacht eingeweicht, das gilt nur für ungeschälte. Dafür bitte die Gebrauchsanleitung auf der Packung der Hülsenfrüchte lesen.
- Der Schinkenspeck sollte im Stück mitgekocht werden, damit er saftiger bleibt. Er wird ins kochende Wasser gelegt.
- Statt des Schinkenspecks kann man auch Wiener Würstchen oder, die fettärmere Variante, Geflügelwürstchen nehmen. Dazu die Erbsen nur mit etwa 50 g gewürfelten Speck kochen und die Würstchen erst ganz zum Schluss dazugeben. Sie dürfen nicht mitkochen, sonst platzen sie.
- Zum Würzen eignet sich statt Majoran auch Oregano oder Liebstöckel.
- Die Zwiebeln können auch in Butter angebräunt werden, falls kein Butterschmalz vorhanden ist.

*(Gemüsesuppe
mit Nudeleinlage)*

Querdurchdengarten

Zutaten *(für 6 Personen)*

4 l Gemüse- oder Rinderbrühe
1 kg Suppenfleisch vom Rind
200 g Blumenkohl
250 g Rosenkohl
250 g Erbsen
450 g Möhren
1 Bund heimische Kräuter
(z. B. Petersilie, Liebstöckel,
Schnittlauch)
3 l Wasser
3 EL gekörnte Gemüsebrühe
250 g Muschel- oder
Hörnchennudeln

Küchenutensilien

großer Topf (mind. 8 l), großer Topf
(etwa 4 l), Rührlöffel, Schälmesser,
Schneidbrett, Kochmesser,
Waage, Messbecher

Zubereitung

1 | Die Brühe in den Topf füllen und zum Kochen bringen. Das Rindfleisch in großen Stücken oder im Ganzen in die kochende Brühe legen.
2 | Während das Fleisch kocht, das Gemüse putzen, klein schneiden und die Kräuter hacken.
3 | Das Fleisch etwa 1 Stunde kochen lassen, dann herausnehmen und abkühlen lassen.
4 | Das Gemüse in die Brühe legen und 20 Minuten kochen lassen. Das Fleisch in mundgerechte Stücke schneiden und wieder zum Gemüse geben. Nach 20 Minuten den Topf vom Herd nehmen, die gehackten Kräuter dazugeben und abschmecken. Wenn die Suppe zu lasch ist, noch etwas von der gekörnten Gemüsebrühe dazugeben, bis ein würziger Geschmack erreicht ist.
5 | Während das Gemüse kocht, die Nudeln in einem extra Topf in Gemüsebrühe garen: Dazu setzt man etwa 3 l Wasser mit 3 EL gekörnte Gemüsebrühe auf. Wenn die Brühe kocht, die Nudeln hinzugeben und etwa 10 Minuten kochen lassen. Nudeln abgießen und portionsweise auf den Teller geben.
6 | Den Teller mit der Suppe auffüllen und servieren.

Tipps und Tricks

• Das Fleisch wird in kochendes Wasser gelegt, damit sich die Poren schneller schließen und das Fleisch nicht zäh wird.
• Die Nudeln werden extra gekocht, damit sie in der Suppe nicht nachquellen.
• Wenn man Suppe übrig behält, dann immer ohne Nudeln einfrieren, sonst wird aus der Suppe ein Brei.
• Wer die fettärmere Variante bevorzugt, kann auch schieres Rindfleisch nehmen, das hat sehr viel weniger Fett.
• Das Fett lässt sich gut abschöpfen, indem man einige Eiswürfel auf eine Schaumkelle legt und sie vorsichtig unter die Oberfläche durch die Brühe zieht. Das Fett haftet dann an den Eiswürfeln und kann so entfernt werden.
• Die Gemüsesorten sind beliebig austauschbar, es sollten aber immer Erbsen und Möhren dabei sein, weil sie der Suppe einen lieblichen Geschmack geben.

Steckrübeneintopf

Zubereitung

1 | Das Schweinefleisch mit kaltem Wasser abspülen. Etwa 2 l Wasser zum Kochen bringen. Salz und Schweinefleisch dazugeben und 45 Minuten bei mittlerer Hitze kochen.

2 | Das Gemüse schälen, in gleich große Würfel schneiden und mit der Brühe in einen zweiten Topf geben und aufkochen. Für etwa 30 Minuten bei mittlerer Hitze kochen lassen.

3 | Wenn das Fleisch gar ist, in kleine Würfel schneiden und zu dem Gemüse in die Brühe geben. Das Ganze nochmals aufkochen lassen und mit Salz, Pfeffer und Majoran würzen.

4 | Die gehackte Petersilie dazugeben.

Zutaten (für 4 Personen)

400 g Schweinefleisch ohne Knochen
2 TL Salz
Wasser
1 kg Steckrüben
300 g Möhren
300 g Kartoffeln
1½ l Brühe (Rinder- oder Gemüsebrühe)
Salz, Pfeffer, Majoran
2 EL gehackte Petersilie

Küchenutensilien

2 Kochtöpfe, Messer, Messbecher, Gemüseschäler, Waage, Rührlöffel, Schneidbrett

Tipps und Tricks

• Das Fleisch in das heiße Wasser geben, damit der Geschmack im Fleisch bleibt.

• Anstatt des Schweinefleisches können auch zwei geräucherte Würste genommen werden. Diese werden gleich zur Brühe mit dazugegeben. Vorher sind die Verschlüsse und das Band zu entfernen, und die Würste werden einmal längs aufgeschnitten. Nach dem Kochen wird die Haut der Würste entfernt.

• Das Schweinefleisch gibt keine klare Brühe, wenn es zu stark gekocht wird. Deshalb wird es extra gekocht. Es sollte nicht zu mager sein, dicke Rippe oder ein Schulterstück eignen sich für Eintöpfe am besten. Es kann aber auch Rindfleisch verwendet werden.

• Eintöpfe schmecken am besten, wenn sie eine Nacht gestanden haben.

• Eine Rinderkraftbrühe ist herzhafter im Geschmack als Gemüsebrühe.

Linseneintopf

Zutaten (für 4 Personen)

200 g Linsen
1/2 l Wasser
500 g Kasseler
1 l Wasser
1 Lorbeerblatt
10 Pfefferkörner
1 Zwiebel
40 g Sellerie
150 g Möhren
400 g Kartoffeln
Salz
1 TL Weißweinessig

Küchenutensilien

2 Töpfe, Schaumkelle,
scharfes Fleischmesser,
Küchenmesser, Sieb,
Waage, Rührlöffel,
Schneidbrett, Messbecher

Zubereitung

1 | Die Linsen in einen Topf geben und über Nacht in 1/2 l Wasser einweichen.

2 | Am nächsten Tag das Kasseler in einen Topf mit 1 l Wasser legen, Lorbeerblatt, Pfefferkörner, Salz, eine ganze geschälte Zwiebel und ein Stück geschälten Sellerie zufügen und das Ganze zum Kochen bringen. Das Fleisch 50 Minuten bei mittlerer Hitze köcheln lassen, den Schaum zwischendurch abschöpfen.

3 | Die Möhren und die Kartoffeln schälen, in Würfel schneiden. Etwa 30 Minuten vor Ende der Garzeit die Gewürze, Zwiebel und den Sellerie aus der Brühe entfernen und Möhren und Kartoffeln zufügen.

4 | Das Fleisch aus der Brühe nehmen, in Würfel schneiden und wieder zugeben.

5 | Die Linsen im Topf mit der Einweichflüssigkeit und 1/4 l der Fleischbrühe unter Rühren zum Kochen bringen. Nach dem Ankochen die Linsen auf die niedrigste Stufe zurückschalten und etwa 15 Minuten garen. Achtung! Die Linsen nicht salzen.

6 | Das Gemüse und das Fleisch mit den Linsen mischen, es sollte nicht zu dünnflüssig sein.

7 | Nach Geschmack mit Salz und Weißweinessig würzen.

Tipps und Tricks

- Wird das Kasseler in kochendes Wasser gelegt, schließen sich schnell die Poren, und das Fleisch bleibt saftig.
- Die Linsen dürfen erst nach der Fertigstellung mit Salz abgeschmeckt werden, da sie sonst hart bleiben.
- Eine andere Variante des Linseneintopfs ist, ihn süß-sauer abzuschmecken. Dazu nimmt man am besten Zucker und Obstessig.

Grüne-Bohnen-Eintopf

Zutaten *(für 4 Personen)*

2 l Wasser
350 g Kasslernacken ohne Knochen
1 EL gekörnte Gemüsebrühe
500 g Kartoffeln
750 g grüne Bohnen
2 TL getrocknetes Bohnenkraut
3 EL Butter oder Margarine
3 EL Mehl
1–2 TL Zucker
Saft einer 1/2 Zitrone
Salz

Küchenutensilien

großer Topf (etwa 6–8 l),
Schneidbrett, Kochmesser,
Schälmesser, Zitronenpresse,
Waage, Rührlöffel, kleiner Topf,
Kelle, Messbecher

Zubereitung

1 | Das Kasseler in den Topf mit dem kochenden Wasser legen, 1 EL gekörnte Gemüsebrühe dazugeben und etwa 30 Minuten kochen lassen.

2 | Die Kartoffeln schälen und in kleine Stücke (2 x 2 cm) schneiden, die Bohnen in etwa 2 cm lange Stücke schneiden.

3 | Das Kasseler nach den 30 Minuten Garzeit aus dem Topf nehmen, die Bohnen und die Kartoffeln zusammen mit Salz und Bohnenkraut in der Brühe gar kochen (20 Minuten).

4 | Das Kasseler in mundgerechte Stücke schneiden, dabei das Fett entfernen und das Fleisch zu den Bohnen und den Kartoffeln dazugeben.

5 | Aus der Butter und dem Mehl eine Mehlschwitze herstellen: die Butter bei mittlerer Hitze schmelzen, das Mehl einstreuen und alles glatt rühren. Die Mehlschwitze goldgelb werden lassen, dann Kelle für Kelle von der Gemüsebrühe abnehmen und in die Mehlschwitze einbringen. Soviel Gemüsebrühe nehmen, bis eine dickflüssige Masse entstanden ist, diese in die Suppe einrühren.

6 | Den Eintopf mit Salz, Zucker, Zitronensaft und Gemüsebrühe abschmecken.

Tipps und Tricks

* Für die fettarme Variante kann man anstatt der Mehlschwitze auch mit Kartoffeln andicken; die Kartoffeln werden dann separat gekocht und anschließend durch die Kartoffelpresse gedrückt.
* Kasselerlachs ist sehr fettarm und kann statt des Kasselers verwendet werden.
* Verwenden Sie frisches Bohnenkraut, binden Sie die Stängel zusammen und lassen ein Stück Faden aus dem Topf hängen. Nach dem Kochen fischt man das Bohnenkraut einfach aus dem Topf heraus.

Frische Erbsensuppe mit Grießklößchen

Zutaten *(für 6 Personen)*

für die Suppe:
2 kleine Möhren
1/2 Petersilienwurzel
1/2 Stange Porree
600 g frische enthülste Erbsen
1 1/2 l Wasser
2 TL gekörnte Brühe
1 Prise Salz
1 Prise Zucker
1 EL Butter
1 Bund Petersilie

für die Grießklößchen:
1/4 l Milch
1 EL Butter
1 TL Zucker
1/2 TL Salz
100 g Weizengrieß
2 Eier

Küchenutensilien

Schneidbrett, großer Kochtopf
(etwa 6 l), Kochtopf, Rührbesen,
Schälmesser oder Sparschäler,
Kochmesser, Waage, Messbecher

Zubereitung

1 | Die Möhren, Petersilienwurzel und den Porree in kleine Würfel schneiden.

2 | 1 1/2 l Wasser aufsetzen und mit dem Gemüse, Salz, Zucker, der Butter und der gekörnten Brühe 10 Minuten halb gar kochen. Danach die Erbsen hinzugeben und weitere 10 Minuten kochen lassen.

3 | In der Zwischenzeit in dem anderen Topf die Milch mit Butter, Salz und Zucker zum Kochen bringen.

4 | Den Grieß hineinrühren und dabei die Hitze herunterschalten. Den Grieß so lange rühren, bis sich die Masse vom Topfboden ablöst, danach abschmecken.

5 | Den Topf vom Herd nehmen und ein Ei in den heißen Brei rühren. Den Brei abkühlen lassen, danach erst das zweite Ei unterrühren.

6 | Aus dem Brei mit zwei nassen Teelöffeln kleine Klößchen abstechen und in der Erbsensuppe noch 10 Minuten ziehen lassen.

7 | Die Suppe mit frischer Peterselie bestreuen.

Tipps und Tricks
- Die Grießklößchen können auch bereits vor der Zubereitung der Erbsensuppe vorbereitet und mit den Erbsen die letzten 10 Minuten mitgegart werden.
- Diese köstlich schmeckende Erbsensuppe war noch bis in die 1960er Jahre sehr beliebt, sie ist heute aber kaum noch bekannt. Vermutlich liegt das an den Grießklößchen, die in einer Erbsensuppe eher ungewöhnlich sind.

Hochzeitssuppe

Zutaten *(etwa 2,5 l Suppe oder 4 Personen)*

1,5 l Rinderkraftbrühe
für den Eierstich:
2 Eier
150 ml Milch
¼ l TL Salz
Prise Muskatnuss
1 Gefrierbeutel mit Verschluss
für die Fleischbällchen:
200 g feines Hackfleisch
1 Ei
2 EL Paniermehl
Salz, Pfeffer
für die weitere Einlage:
100 g Suppennudeln
1 kleines Glas gekochter Stangenspargel
2 EL frische gehackte Petersilie

Küchenutensilien

1 großer Kochtopf, 2 kleine Kochtöpfe, Schneebesen, Sieb, 2 Schalen

Zubereitung

1 | Die Brühe zum Kochen bringen.
2 | In der Zwischenzeit den Eierstich zubereiten: Die Eier, die Milch, das Salz und die Muskatnuss in eine Schale geben und mit einem Schneebesen verrühren. In einen Gefrierbeutel geben und verschließen. Den Beutel in einen Kochtopf mit heißem Wasser geben und 20 Minuten bei mittlerer Hitze gar ziehen lassen. Das Wasser nicht sprudelnd kochen lassen. Den fertigen Eierstich aus dem Beutel nehmen, auf einem Teller auskühlen lassen und erst im kalten Zustand in kleine Würfel schneiden. Im warmen Zustand zerfällt er beim Schneiden.
3 | Die Fleischklößchen zubereiten: Das Hackfleisch, das Ei, das Paniermehl und die Gewürze in einer Schale vermengen. Mit nassen Händen kleine Klöße drehen. In die heiße Brühe geben und garen.
4 | Die Suppennudeln in Salzwasser nach Packungsanweisung kochen. Anschließend durch ein Sieb abgießen und mit Wasser abspülen.
5 | Das Glas Spargel öffnen. Den Fond zur Brühe geben. Den Spargel in kleine Stücke (etwa 1 cm lang) schneiden.
6 | Spargelstücke, Suppennudeln und Eierstich in die heiße Brühe geben. Sobald die Suppeneinlage heiß genug ist, die Suppe in eine Suppenterrine geben, mit frisch gehackter Petersilie bestreuen und sofort servieren.

Tipps und Tricks

- Die übrige Hochzeitssuppe kann im Kühlschrank aufbewahrt werden. Wichtig: Die Nudeln quellen sehr stark in der Brühe auf und müssen daher vor dem Kühlen aus der Suppe entfernt werden.
- Es gibt viele Varianten von Hochzeitssuppe. Grundsätzlich wird sie aus Rinderkraftbrühe hergestellt.
- Die Einlage der Suppe variiert von Bundesland zu Bundesland: z. B. können gekochtes Hühnchenfleisch in Würfel, ungesüßte Pfannkuchen in kleine Streifen, Suppennudeln in unterschiedlichen Formen (Stern, Buchstaben, Graupen, Gabelspaghetti) hinzugefügt werden.
- Wird die Suppe als Vorspeise serviert, gilt diese Mengenangabe für 8 Personen.

Kartoffelsuppe

Zutaten (für 4 Personen)

2 kg Kartoffeln
2 Stangen Porree
250 g Möhren
1 kleiner Sellerie
3 Zwiebeln
30 g Butterschmalz
2 l Fleisch- oder Gemüsebrühe
1/4 TL gerebelter Majoran
Salz, Pfeffer, Muskat
60 g Bauchspeck oder
Schinkenwürfel
4 Wiener Würstchen oder
Geflügelwürstchen
1/8 l süße Sahne
Petersilie

Küchenutensilien

1 großer Topf (mind. 6–7 l),
Schneidbrett, Kochmesser,
Gemüsemesser/Sparschäler,
Rührlöffel, kleine Reibe für
Muskatnuss, Waage,
kleine Pfanne, Messbecher

Zubereitung

1 | Die Kartoffeln, den Porree, die Möhren und den Sellerie putzen, waschen und klein schneiden.

2 | Die Zwiebeln schälen, klein hacken und im Fett andünsten.

3 | Danach die Kartoffeln und das Gemüse hinzufügen und mit der Fleisch- oder Gemüsebrühe auffüllen. Etwa 30 Minuten bei geringer Hitze kochen lassen. Nach 15 Minuten wird die Suppe mit Majoran, Salz, Pfeffer und 1 TL frisch geriebener Muskatnuss abgeschmeckt.

4 | Den Speck kross ausbraten und zusammen mit der Sahne und den Würstchen in die Suppe geben. Noch 5 Minuten erhitzen, aber nicht kochen lassen, damit die Würstchen nicht aufplatzen.

5 | Die Petersilie hacken und in die fertige Suppe streuen.

Tipps und Tricks

• Diese Suppe schmeckt auch köstlich ohne Speck und Würstchen. Vegetarier nehmen statt Fleischbrühe Gemüsebrühe.

• Falls die Zeit knapp ist, kann auch Tiefkühlgemüse verwendet werden.

• Speck gibt es fertig gewürfelt zu kaufen. Das spart Zeit.

• Auf Wunsch kann mehr Speck (125 g) genommen werden, auf Würstchen kann dann auch verzichtet werden.

Kartoffeln –
rund um die Knolle

Ein Blick in die Geschichte

Das Heimatgebiet der Kartoffel sind die südamerikanischen Hochanden von Kolumbien bis Nordchile. Von jeher war die Kartoffel das wichtigste Nahrungsmittel der in Höhenlagen von 3000–4000 m lebenden Ureinwohner. Früheste Spuren von Knollen wurden in 8000 Jahre alten Gräbern in Peru gefunden. Die Spanier brachten um 1560 die ersten Kartoffeln aus Südamerika auf unseren Kontinent.

In Europa wurde die Kartoffel zunächst als Besonderheit in botanischen Gärten und als Arzneimittelpflanze in Apothekergärten angebaut. Die Entwicklung zur großen Kulturpflanze in Mitteleuropa setzte nach dem Siebenjährigen Krieg (1756–1763) ein. Die wachsende Bevölkerung und eine rasche Folge von Hungersnöten führte zu ihrer raschen Verbreitung. Friedrich der Große traf in Deutschland energische Maßnahmen zur Einführung des Kartoffelanbaus.

In den Jahren 1744/45 wurden in Preußen Kartoffeln kostenlos an die Bevölkerung verteilt. 1756 erließ man einen Befehl zum obligatorischen Kartoffelanbau: Dragoner wurden ausgeschickt, um zu beaufsichtigen, dass die Pflanzenkartoffeln auch wirklich ausgepflanzt wurden. Manchmal behalf sich der »Alte Fritz« auch mit einem Trick: Er ließ die Kartoffelfelder zum Schein streng bewachen. Die neugierigsten Bauern schlichen nachts auf die Felder und wollten wissen, was es dort Wertvolles gäbe. Körbeweise stahlen sie dann die Knollen und pflanzten sie auf ihre eigenen Felder.

Vor hundert Jahren zählte man noch an die tausend verschiedene Sorten Kartoffeln in Deutschland, heute sind es nur noch rund hundert.

Das älteste deutsche Kartoffelrezept ist über 400 Jahre alt und steht in »Ein New Kochbuch« von M. Marxen Rumpolt:

Erdepffel

Schel und schneidt sie klein / quell sie in Wasser / unnd druck es wol auß durch ein härin Tuch / hack sie klein / und rößt sie in Speck / der klein geschnitten ist / nim ein wenig Milch darunter / und laß damit sieden / so wirt es gut und wolgeschmack.

Aus dem Jahr 1896 stammt das folgende Rezept aus dem »Praktischen Kochbuch«:

Kartoffelsalat für den gewöhnlichen Tisch

Ganz weich gekochte Kartoffeln werden in Scheiben geschnitten und bei möglichstem Warmhalten mit nachstehender Sauce recht saftig vermengt: man rühre gutes Öl, Essig, Milch, Pfeffer, Salz und fein geschnittene Zwiebeln, falls letztere von allen Tischgenossen gegessen werden. Das Vermengen geht auf folgende Weise sehr gut: man gebe die geschnittenen Kartoffeln in eine Schüssel, die Hälfte der Sauce darüber hin, lege eine fest schließende Schüssel darauf, fasse beide Schüsseln mit den Händen fest zusammen und schwinge den Salat darin; dann gebe man die übrige Sauce hinzu und schwinge weiter, bis die Kartoffeln saftig geworden sind.

Zur Ersparnis des Öls wird in Gegenden, wo fette Gänse geschlachtet werden, häufig geschmolzenes Gänsefett zum Kartoffelsalat angewendet.

Auch übrig gebliebene Kartoffeln können zu einem guten Salat verwandt werden, wenn man sie nach dem Erkalten nebst 2 eingemachten Gurken in Würfel schneidet, mit

---

Kartoffeln sind gesund!

Kartoffeln wurden früher fast jeden Tag gegessen – und das nicht ohne Grund. Eine in wenig Wasser gegarte Pellkartoffel enthält viele Nährstoffe, z. B. Vitamin C sowie die Mineralien Magnesium, Kalium und Eisen. Unser Körper braucht mit der Nahrung täglich neues Eiweiß, er kann es nicht wie etwa Fett speichern. Besonders gut tut ihm eine Kombination aus pflanzlichen und tierischen Aminosäuren (den kleinsten Bausteinen der Eiweiße). Eine größere Menge an Kartoffeln kombiniert mit z. B. etwas Kräuterquark, Fleisch oder Fisch erfüllt hier alle ernährungswissenschaftlichen Ansprüche. Und nicht zuletzt passen Kartoffeln auch in die leichte Küche. Sie sind eine gute Quelle für schnell sättigende Ballaststoffe und enthalten dabei kein Fett. Da die Knolle zu fast 80 Prozent aus Wasser besteht, liegt der Kaloriengehalt niedrig: Kartoffeln machen nicht dick!

4 gewiegten Perlzwiebeln, reichlich dicker Sahne, etwas Öl, wenig Essig und Senf, etwas feinem Zucker, Salz und etwa 2 rohen Eigelb mischt. Man muß diesen Kartoffelsalat aus kalten Kartoffeln aber auf jeden Fall einige Stunden stehen lassen, bevor man ihn auftischt.

Wissenswertes

- Heutzutage kann man unter vielen verschiedenen Kartoffelsorten wählen. Ausschlaggebend für die Wahl sind Kriterien wie Geschmack und Verwendung.
- Nimmt man für Salate die fest kochende Sorte, so ist es für den Kartoffelbrei, die Knödel oder für den Binder von Suppen und Soßen die mehlig kochende Kartoffel. Für Eintöpfe, Pellkartoffeln, Bratkartoffeln oder Pommes frites werden vorwiegend die fest kochenden Sorten bevorzugt.

- Für den Kartoffeleinkauf ist zu beachten: Gesunde, trockene und unbeschädigte Ware kaufen. Frühkartoffeln sind nur kurz lagerfähig, es ist daher ratsam, nur kleinere Mengen einzukaufen.
- Die im Spätsommer geernteten Kartoffeln sind besonders lange haltbar und eignen sich auch gut zur Einkellerung.
- Kartoffeln sollten kühl und dunkel, am besten im Keller gelagert werden.
- Die Kartoffeln sollten vor Feuchtigkeit und Frost geschützt werden.
- Achtung! Industriell geerntete Kartoffeln werden vorgewaschen, das gilt auch für Bio-Ware im Supermarkt. Das Waschen beschädigt die Schale, und die Kartoffeln verderben schneller. Biologisch geerntete Kartoffeln direkt vom Feld sind zwar sandiger, dafür ist die Schale aber unbeschädigt.
- Die Kartoffel ist ein toller Sattmacher und vielseitig verwendbar. Die Rezepte für Kartoffeln sind unerschöpflich.

Bratkartoffeln

Zutaten *(für 4 Personen)*

1 kg fest kochende Kartoffeln
100 g Bauchspeck
1 Zwiebel
2 Eier
Salz, Pfeffer, Paprikapulver
1 EL Butterschmalz

Küchenutensilien

*große Pfanne mit Deckel,
Schneidbrett, Kochmesser,
Schälmesser oder Sparschäler
Waage, Schneebesen,
kleine Schale, Pfannenwender*

Zubereitung

1 | Die Kartoffeln schälen, waschen und in dünne Scheiben schneiden.

2 | Die Pfanne aufheizen. Den Bauchspeck in dünne Scheiben schneiden, dann in Stücke aufteilen und über den Pfannenboden verteilen.

3 | Die Zwiebeln in Ringe schneiden und einen Teil der Zwiebeln auf dem Speck verteilen, eine Schicht Kartoffelscheiben darüberlegen und mit Salz, Pfeffer und Paprikapulver würzen.

4 | Die Zwiebelringe darüber verteilen, mit den nächsten Kartoffelschichten genauso verfahren, bis die Kartoffeln alle in der Pfanne sind.

5 | Das Butterschmalz hinzufügen.

6 | Deckel schließen und die Bratkartoffeln ungefähr 10 Minuten bei hoher Hitze brutzeln lassen. Eventuell etwas Butterschmalz oder Öl hinzufügen, damit nichts anbrennt.

7 | Die Kartoffeln vorsichtig wenden und von beiden Seiten bräunen lassen, dabei die Hitze auf mittlere Hitze herunterschalten.

8 | Wenn die Kartoffeln gar sind, die Eier verquirlen und über die fertigen Bratkartoffeln gießen. Vorsichtig durchrühren und dann servieren.

Tipps und Tricks

- Dazu passen Gewürzgurken oder Matjes-Heringe . Auch Bratheringe sind eine leckere Variante.
- Kurzgebratenes kann man auch dazu servieren, dann nimmt man weniger Kartoffeln.
- Bratkartoffeln brauchen relativ viel Fett, sonst backen sie an.
- Werden die Kartoffeln mit etwas Mehl bestäubt, bräunen sie besser.

Kartoffelpuffer mit Apfelmus

Zubereitung

1 | Die Kartoffeln schälen, waschen und auf der Küchenreibe oder Raspel in eine Schüssel reiben. Das Mehl und Salz dazugeben und verrühren.

2 | Etwas Butterschmalz in der Pfanne erhitzen. Mit einer Suppenkelle den Teig in die Pfanne geben und den Teig glatt streichen.

3 | Die Puffer von beiden Seiten knusprig goldbraun ausbraten. Die fertigen Puffer aus der Pfanne nehmen und warm stellen.

4 | Die Äpfel schälen, entkernen und in kleine Stücke schneiden. Mit dem Wasser und Zucker in einen Kochtopf geben und etwa 5 Minuten bei mittlerer Hitze gar dünsten. Dabei immer wieder umrühren.

5 | Den Kochtopf vom Herd nehmen und die Apfelstücke mit einem Kartoffelstampfer zerdrücken. Mit Zitronensaft und Zimt abschmecken. Auf Wunsch etwas nachsüßen.

6 | In eine kleine Schale umfüllen und abkühlen lassen.

Tipps und Tricks

- Den Pufferteig immer ins heiße Fett geben, der Teig saugt sonst das Bratfett auf.
- Die fertig gebratenen Puffer kurz auf einen Teller mit Küchenpapier legen, damit das überschüssige Fett nicht in die Puffer zieht und die Puffer dadurch zu weich werden.
- Sollte sich beim Reiben der Kartoffeln Wasser vom Kartoffelteig absetzen, das Wasser abgießen. Das passiert, wenn keine mehlig kochenden Kartoffeln genommen werden.
- Den Teig sofort verarbeiten. Wenn der Teig zu lange an der Luft steht, wird er schwarz.
- Empfehlenswert ist es, den gesamten Teig sofort zu verarbeiten. Restliche Puffer im Kühlschrank aufbewahren.
- Herzhafte Variante: 1 kleine Zwiebel mit in den Teig reiben.
- Zum Apfelmus: Die Zugabe von Zitronensaft und Zucker ist abhängig von der Apfelsorte.
- Wenn es ganz schnell gehen soll, einfach nur Zucker über die Puffer streuen.

Zutaten (für 10 Puffer)

für die Puffer:
400 g mehlig kochende Kartoffeln
3 EL Weizenmehl
1 TL Salz
4–6 EL Butterschmalz

für das Apfelmus:
50 ml Wasser
300 g Äpfel
50 g Zucker
etwas Zitronensaft
1 Prise Zimt

Küchenutensilien

Küchenreibe oder Raspel,
Rührlöffel, beschichtete Pfanne,
Suppenkelle, Pfannenwender,
Gemüseschäler, kleines Messer,
kleiner Kochtopf, Kartoffelstampfer,
kleine Servierschale, Schüssel

Himmel und Erde

Zutaten (für 3 Personen)

500 g mehlig kochende Kartoffeln
1/4 l Milch
Salz, Muskat
750 g Äpfel
1 TL Zitronensaft
1 TL Zucker
6 EL kaltes Wasser
90 g durchwachsener Speck
30 g Butter
250 g Zwiebeln
200 g Blutwurst

Küchenutensilien

Schälmesser, 2 Kochtöpfe,
Kartoffelstampfer, Fleischmesser,
Schneidbrett, Pfanne, Messbecher,
Waage, Rührlöffel

Zubereitung

1 | Die Kartoffeln schälen, waschen und in Stücke schneiden. Leicht mit Salzwasser bedeckt und bei mittlerer Temperatur in etwa 20 Minuten gar kochen.

2 | Das Kochwasser abgießen, die Kartoffeln mit der Milch zerstampfen, bis die gewünschte Konsistenz erreicht ist. Mit Muskat und Salz würzen.

3 | Die Äpfel schälen, vierteln, vom Kerngehäuse befreien und in Würfel schneiden. Die Äpfel mit Zitronensaft, Zucker und Wasser in einen Topf geben, zum Kochen bringen und 10 Minuten weich kochen.

4 | Die Äpfel zerstampfen und mit dem Kartoffelbrei verrühren.

5 | Den Speck würfeln und in 10 g Butter kross anbraten.

6 | Die Zwiebeln pellen, halbieren und in Scheiben schneiden, zu den Speckwürfeln geben und dünsten. Die Zwiebel-Speck-Mischung aus der Pfanne nehmen und warm stellen.

7 | Die restliche Butter (20 g) in der Pfanne erhitzen. Die Blutwurst in etwa 1 cm dicke Scheiben schneiden und 2 Minuten in der Pfanne anbraten.

8 | Den Apfel-Kartoffel-Brei auf Tellern anrichten. Zwiebel-Speck-Mischung darauf verteilen und Blutwurstscheiben am Rand dekorieren.

Tipps und Tricks
• Für die vegetarische Variante kann man statt der Blutwurst Rührei servieren, der Speck wird weggelassen. Stattdessen werden die Zwiebeln nur in brauner Butter gedünstet.

Kartoffelsalat »Bayrische Art«

Zutaten (für 6 Personen)

1 kg fest kochende Kartoffeln
1 TL Salz für die Kartoffeln
zum Kochen
100 g Schinkenwürfel
200 ml Fleischbrühe
100 g feine Zwiebelwürfel
(3 kleine Zwiebeln)
4–6 EL Essig
1 Msp. Senf
Salz, Pfeffer
1 EL gehackte Petersilie

Küchenutensilien

1 großer Kochtopf, Schneidbrett,
Messbecher, Waage, Salatschale,
scharfes Messer, Rührlöffel, kleines
Kartoffelmesser, kleiner Kochtopf,
kleine Pfanne

Zubereitung

1 | Die Kartoffeln waschen und mit der Schale in dem kalten Salzwasser 12–15 Minuten gar kochen. Die gegarten Kartoffeln abgießen, mit kaltem Wasser abschrecken und erneut abgießen. Die Kartoffeln noch warm abpellen, in feine Scheiben schneiden und in eine Salatschale geben.

2 | Die Schinkenwürfel in einer Pfanne knusprig braten und auf die Kartoffelscheiben geben.

3 | Die Fleischbrühe mit Essig und Zwiebeln aufkochen. Salz, Pfeffer und Senf dazugeben und verrühren.

4 | Die heiße Marinade über die Kartoffelscheiben gießen und behutsam schwenken. Die Petersilie darüberstreuen.

Tipps und Tricks
- Eine Kartoffel hat eine Mindestkochzeit von 12 Minuten. Je nach Sorte und Größe der Kartoffeln verändert sich die Garzeit. Daher ist es sinnvoll, immer gleich große Kartoffeln zu nehmen.
- Garprobe: mit einem Messer in die Kartoffel stechen. Spürt man keinen Widerstand mehr, ist die Kartoffel gar.

Kartoffelauflauf

Zubereitung

1 | Die Kartoffeln schälen und waschen und mit dem Gemüse- oder Gurkenhobel in feine Scheiben hobeln.

2 | Die Auflaufform ausfetten. Die Kartoffelscheiben in Schichten in die Auflaufform legen. Wichtig: Jede einzelne Schicht im Wechsel mit Salz und Muskat getrennt würzen.

3 | Die Sahne und die saure Sahne mit Salz und der gepressten Knoblauchzehe verrühren. Danach über die Kartoffelscheiben geben, bis alles bedeckt ist.

4 | Den Backofen auf 180 °C vorheizen und den Auflauf in der Form für 45 Minuten in den Ofen stellen. Die Form nach den 45 Minuten aus dem Backofen nehmen und den Käse darüberstreuen. Weitere 20 Minuten garen lassen.

Zutaten *(für 2 Personen)*

750 g Kartoffeln
1 TL Butter zum Ausfetten der Form
Salz, Muskat (frisch gerieben)
250 g Sahne
150 g saure Sahne
1 Knoblauchzehe
100 g geriebenen Emmentaler

Küchenutensilien

Schneebesen, kleine Rührschüssel,
Auflaufform, Gurkenhobel oder
Gemüsehobel, Schälmesser,
Knoblauchpresse, Waage

Tipps und Tricks

• Eine große flache Auflaufform ist besser als eine kleine tiefe Form, weil die Kartoffeln dort besser durchgaren.
• Dieser Kartoffelauflauf eignet sich auch sehr gut als Beilage zu Kurzgebratenem; dann ist die oben angegebene Menge für 4 Personen bestimmt.
• Muskat muss vorsichtig dosiert werden, sonst wird der Auflauflauf zu bitter.
• Der Auflauf kann mit beliebigen Gemüsearten ergänzt werden; dann nimmt man entsprechend weniger Kartoffeln.
• Mitgegarte Schinkenstreifen im Auflauf sind auch sehr lecker.

Bauernfrühstück

Zutaten *(für 2 Personen)*

500 g fest kochende Kartoffeln
1 Zwiebel
75 g roher Schinken
2 EL Butterschmalz
3 Eier
75 ml Milch
Salz, Pfeffer
2–3 Stängel Petersilie

Küchenutensilien

große Pfanne (28 cm) mit Deckel,
Schälmesser, Kochmesser, Rührlöffel,
Schneidbrett, Messbecher, Waage,
kleine Schale, Schneebesen,
Pfannenwender

Zubereitung

1 | Die Kartoffeln schälen, waschen und in Salzwasser etwa 20 Minuten kochen, abgießen und abkühlen lassen.

2 | Inzwischen die Zwiebeln schälen und grob hacken. Den Schinken in Würfel schneiden.

3 | Das Fett in der Pfanne heiß werden lassen.

4 | Die Kartoffeln in dicke Scheiben schneiden, mit Salz und Pfeffer würzen und anbraten. Die Zwiebeln hinzugeben. Ab und zu umrühren, damit nichts anbrennt.

5 | Die Eier mit der Milch verquirlen.

6 | Wenn die Kartoffeln braun sind, die Temperatur herunterschalten und die Kartoffeln flach auf den Pfannenboden verteilen. Die Eiermilch darüber geben, den Deckel auf die Pfanne setzen und 5–10 Minuten stocken lassen.

7 | Wenn die Eiermasse fest ist, das Bauernfrühstück auf den Teller gleiten lassen, die Schinkenwürfel darauf verteilen und das Ganze zur Hälfte umklappen.

Tipps und Tricks

• Mit frischem Gemüse, z. B. in kleine Stücke geschnittenen Paprika oder frischen Champignons, kann man das Bauernfrühstück abwandeln.

• Traditionell serviert man zum Bauernfrühstück ein paar Gewürzgurken.

• In einer beschichteten Pfanne wird Fett gespart, und das Bauernfrühstück »gleitet« besser aus der Pfanne.

• Das Bauernfrühstück ist ein altes Hausmannskostrezept und war früher ein Resteessen aus den vom Vortag übrig gebliebenen Kartoffeln.

Kartoffelklöße

Zutaten (für 12 Klöße)

750 g gekochte Kartoffeln (kalt)
80 g Mehl
80 g Kartoffelmehl/Speisestärke
etwas Milch
1 Ei
1 Prise Salz
3 l Wasser zum Kochen
1–2 TL Salz

Küchenutensilien

Schale, Kartoffelstampfer oder Reibe,
großer Kochtopf, Waage,
Messbecher

Zubereitung

1 | Die kalten Kartoffeln reiben oder mit einem Kartoffelstampfer zer-
stampfen.
2 | Alle Zutaten dazugeben und gut vermengen.
3 | Die Hände mit kaltem Wasser befeuchten und in gleich große
Knödel formen.
4 | Etwa 3 l Wasser mit etwas Salz zum Kochen bringen. Die Klöße in
das kochende Wasser geben, die Hitze reduzieren. Die Klöße in
heißem Wasser gar ziehen lassen. Sobald sie oben schwimmen,
noch weitere 15 Minuten gar ziehen lasen. Achtung: Nicht kochen
lassen, sonst zerfallen die Klöße.

Tipps und Tricks
- Der Teig darf weder zu flüssig noch zu klebrig sein, er muss sich vom
  Schüsselboden lösen. Notfalls noch etwas Speisestärke dazugeben.
- Grundsätzlich einen Probekloß formen und garen.
- Die Klöße niemals kochen lassen, sie können dadurch zerfallen!
- Achtung! Gekochte Kartoffeln für Klöße sollten vom Vortag oder gut aus-
  gekühlt sein.
- Die Klöße können mit gerösteten Semmelwürfeln (Croutons), gerösteten
  Speckwürfeln, Reibekäse, Käsewürfel oder Backobst gefüllt werden.
- Der Kloßteig kann mit Muskatnuss oder frischen gehackten Kräutern ver-
  feinert werden.
- Anstatt großer Klöße kleine Klöße formen. Sie garen schneller und eignen
  sich besser für Aufläufe.

Ofenkartoffeln

Zubereitung

1 | Die Kartoffeln waschen und sauber bürsten, dann halbieren.

2 | Den Backofen auf 180 °C vorheizen. Das Backblech anfeuchten und das Backpapier darauflegen. Die halbierten Kartoffeln auf dem Blech verteilen und mit dem Olivenöl beträufeln. Danach mit Salz bestreuen.

3 | Die Kräuter hacken. Die Knoblauchzehe pressen und mit den gehackten Kräutern vermengen und über die Kartoffeln streuen.

4 | Die Kartoffeln für etwa 20 Minuten (kommt auf die Größe der Kartoffeln an) im Ofen backen.

Zutaten *(für 2 Personen)*

1 kg kleine Bio-Kartoffeln
4 EL Olivenöl
Salz nach Geschmack
1 Knoblauchzehe
1 Bund verschiedene Kräuter
(z. B. Basilikum, Thymian, Oregano)

Küchenutensilien

Kochmesser, Backblech,
Backpapier, großes Schneidbrett,
Knoblauchpresse, Waage

Tipps und Tricks

- Das Backblech anfeuchten, dann rollt das Backpapier nicht weg.
- Für die schnelle Variante nimmt man fertig gehackte Kräuter aus der Tiefkühltruhe.
- Wer mag, kann auch 1–2 TL Kümmelkörner hinzufügen. Der Kümmel macht die Kartoffeln sehr bekömmlich.
- Bio-Kartoffeln nimmt man deshalb, weil die Schale, die mitverzehrt wird, schadstoffärmer ist.
- Das Öl und die Kräuter können auch miteinander vermischt werden und mit einem Pinsel auf die Kartoffeln aufgetragen werden (schmeckt noch intensiver, macht aber mehr Arbeit). Für diese Zubereitungsart wird mehr Olivenöl verwendet, sonst trocknen die Kartoffeln aus.
- Kurzgebratenes, wie Frikadelle oder Fisch, auch »Fisch unter der Haube«, passt sehr gut zu diesem Rezept.

Schneller Kartoffelsalat

Zutaten (für 4 Personen)

500 g fest kochende Kartoffeln
1 TL Salz
80–100 ml Gemüsebrühe
4 Frühlingszwiebeln
2 EL Obstessig oder
weißer Balsamico
2 EL kaltgepresstes Olivenöl
2 TL Senf, mittelscharf
1 TL Honig
Salz, Pfeffer
1 frisches Eigelb
1/2 Bund Petersilie

Küchenutensilien

Kochtopf, Schneidbrett, Schälmesser,
Eierschneider, Mixbecher, Rührlöffel,
große Schüssel, Waage, Messbecher

Zubereitung

1 | Die Kartoffeln waschen und mit der Schale in dem kalten Salzwasser aufsetzen und etwa 20 Minuten garen. Danach abgießen, kalt abschrecken und pellen.
2 | Die Kartoffeln in Scheiben schneiden und in eine Schüssel geben.
3 | Die heiße Gemüsebrühe sofort über die Kartoffeln geben und gut einziehen lassen. Die Frühlingszwiebeln putzen, waschen und in Ringe schneiden und zu den Kartoffeln geben.
4 | Aus dem Essig, dem Öl, dem Senf, dem Honig, Salz und Pfeffer die Marinade zubereiten. Das Ei trennen und das Eigelb in die Marinade rühren. Die Marinade über den Salat geben und gut vermengen.
5 | Zum Schluss die Petersilie fein hacken und über den Salat streuen. Den Salat eine Stunde durchziehen lassen, noch einmal abschmecken und dann servieren.

Tipps und Tricks

- Petersilie aus dem Tiefkühlfach eignet sich gut, wenn es einmal schnell gehen muss.
- Der Salat kann mit anderen Gemüsesorten nach Belieben gut ergänzt werden.
- Das frische Eigelb in der Marinade, mit gemahlenem Pfeffer und Salz gewürzt, verhindert, dass die Kartoffeln zusammenkleben, und gibt dem Salat eine zusätzliche Würze.
- Zum Salat eignen sich je nach Belieben Schnitzel und Frikadellen aus diesem Kochbuch.
- Wer es eilig hat, kann auch pro Person 1–2 Eier als Spiegeleier braten.
- Auch hart gekochte Eier lassen sich prima zum Salat hinzufügen.

Salate – gesund und lecker

Ein Blick in die Geschichte

Sowohl als Beilage zu anderen Gerichten oder auch als eigenständige Mahlzeit ist der Salat eine wohlschmeckende Delikatesse. Je nach der Zubereitung und den Zutaten ist er auch noch sehr gesund. Während heute zu jeder Jahreszeit aus allen erdenklichen Gemüsesorten rund um den Erdball Salate zubereitet werden können, gab es früher nur die in der Region angebauten Gemüsesorten. So tat die kluge Hausfrau gut daran, das im Sommer geerntete Gemüse einzulegen oder die im Herbst geernteten Kohlköpfe, wenn sie nicht, wie beim Weißkohl üblich, der Sauerkrautherstellung dienten, mit einer Holzkeule weich zu klopfen. Auch hier sind die Rezepte von Henriette Davidis sehr empfehlenswert.

Weißer Kohl

Der Kohl wird sehr fein geschnitten, abgebrüht und ausgedrückt, mit Öl, Essig, Salz und Pfeffer oder mit einer gut gekochten Sahnesauce, aber auch mit einer warmen Specksauce nebst Pfeffer und Salz gemischt und mit warmen Kartoffeln gegeben. Vielfach klopft man den feingeschnittenen Salat anhaltend eine ¼ Stunde mit einer Holzkeule, um ihn dadurch zart zu machen, das Brühen unterbleibt dann.

Der Kohl in seiner Vielfalt, sei es als Blumenkohl, Brokkoli, Kohlrabi, Wirsingkohl, Weiß- oder Rotkohl, Rosenkohl und Grünkohl, begleitet die Menschen geschichtlich gesehen schon sehr lange. Als Muskraut finden wir den Kohl in den »Kreuterbüchern« um 1500 beschrieben; »mus« steht dabei für den damals allgegenwärtigen Eintopf. Ein anderer Beleg für die traditionelle Bedeutung des Kohls als Gemüse ist die Bezeichnung der Gemüsegärten als »Kohlgärten«. Weniger bekannt als der Kohlsalat ist der folgende:

Blumensalat

Die Blüten von Kapuzinerkresse, Dill und Borretsch werden mit etwas Weinessig, wenig Salz und Öl begossen und mit einer Gabel behutsam gemengt. Dieser Salat ist von angenehm pikantem Geschmack und dient zugleich zur Verschönerung einer Tafel, auch zur Verzierung von Kopfsalat.

Weitere Rezepte lassen sich gut ausprobieren.

Gemischter Salat

Rotebeete, gute Salzgurken (in Ermangelung derselben dicke Essiggurken), weich gekochte Sellerie und in der Schale gekochte Kartoffeln, alles zu gleichen Teilen, werden in Scheiben geschnitten und mit folgender Sauce vorsichtig vermischt: hart gekochte Eier werden mit Essig, Salz, Senf und ein wenig Zucker fein gerührt, dann Öl und dicke saure Sahne, auf je 1 Ei etwa einen hölzernen Küchenlöffel voll, hinzugefügt. Da Rotebeete und Salzgurken schon Essig enthalten, darf man die Sauce nicht zu sauer machen.

Tomatensalat

Man legt 6–8 Tomaten recht kalt, am besten auf Eis, damit sie recht steif werden, um sie besser schneiden zu können, zerteilt sie dann kurz vor dem Anrichten mit scharfem Messer in feine Scheiben und entfernt möglichst die Kerne. Dann mischt man sie mit 4 Löffel Öl, Salz, Pfeffer, einer Prise Zucker, nach Belieben auch mit einem Theelöffel gewiegten Kräutern oder gehackten Zwiebeln, fügt 1 Eßlöffel Essig hinzu und gibt den Salat sofort zu Tisch.

Wissenswertes

- Frischer Salat und frisches Gemüse schmecken besser und bleiben länger frisch bei richtiger Lagerung. Gemüse deshalb am besten in ein feuchtes Geschirrtuch oder in einen Frischhaltebehälter mit einem verschließbaren Deckel verpacken.
- Gemüse- und Salatsorten wie Karotten, Spinat oder Blattsalat werden vor dem Verpacken immer etwas angefeuchtet und dann im Gemüsefach des Kühlschranks gelagert.
- Blattsalate und Spinat sollten bald nach dem Einkauf verzehrt werden.
- Wasserarme Gemüse und Salate wie Lauch, Brokkoli, Blumenkohl und Radieschen können im Gemüsefach für wenige Tage aufbewahrt werden.
- Bestimmte Gemüse- und Obstsorten wie Tomaten, Auberginen, Avocado, Knoblauch, Zwiebeln, Kartoffeln, Bananen, Kiwi, Papaya, Mango, Pfirsiche, Melonen, Pflaumen und Zwetschgen sind kälte-

empfindlich und gehören nicht in den Kühlschrank. Am besten nur zwei bis maximal vier Tage in einer Gemüseschale oder in einem Gemüsekorb in einem kühlen Raum lagern. Warme Räume beschleunigen den Reifeprozess.

- Feste Gemüse, wie Rote Beete, Knollensellerie und Karotten sind im Kühlschrank bei +8 °C bis zu 14 Tage lagerfähig.
- Rohes Gemüse möglichst mit Schale verzehren und nach dem Säubern niemals im Wasser liegen lassen, da sonst wichtige Vitamine und Mineralstoffe verloren gehen.
- Angeschnittenes Gemüse grundsätzlich in geschlossenen Behältern im Kühlschrank bei +3 °C bis +5 °C aufbewahren. Nicht länger als 3–4 Tage aufbewahren. So bleibt das verdunstete Wasser im Behälter und kann von den Lebensmitteln wieder aufgenommen werden.

- Obst und Fruchtgemüse, wie zum Beispiel Tomaten und Äpfel, scheiden das Reifegas Ethylen aus. Sie müssen auf jeden Fall getrennt vom Gemüse aufbewahrt werden.
- Generell gilt: Obst und Gemüse bevorzugt auf den Speiseplan setzen, die gerade Saison haben und möglichst aus der eigenen Region kommen. Es kann vollreif geerntet werden und hat somit auch viel mehr Geschmack.
- Kohl sollte sich beim Einkauf vom Kopf her fest anfühlen und die äußeren Blätter keine Welkerscheinungen aufweisen. Im Gemüsefach des Kühlschranks ist er bis zu drei Wochen haltbar.
- Kohl hat bei der Zubereitung einen unangenehmen Geruch, der in seinem Schwefelgehalt begründet liegt. Mit einem einfachen Trick – einen Schuss Essig ins Kohlwasser – stoppt man durchs Haus ziehende Kohlschwaden!

Altes Gemüse neu entdeckt

Wenn getreu dem westfälischen Platt von »Streppmaut« die Rede ist, blicken auch gestandene Gemüseliebhaber fragend in die Runde. Dabei ist Rübstiel oder Stielmus gemeint. Es sind die oberirdischen jungen Triebe der Mai- oder Herbstrüben, Bestandteile einer alten Kulturpflanze, die schon im griechischen und römischen Altertum bekannt war und bis zur Einführung der Kartoffel ein wichtiges Grundnahrungsmittel darstellte.

Stielmus ist ein Gemüse mit einem feinen, säuerlichen Geschmack. Es wird am besten frisch nach der Ernte verzehrt, weil die zarten Blätter schnell welken. Die Inhaltsstoffe sind denen des Chinakohls vergleichbar: ein hoher Folsäuregehalt (das »Frauenvitamin« zur Blutbildung), sowie Senföle, die verdauungsfördernd wirken, sowie antibakteriell in den ableitenden Harnwegen. Meist werden die Stiele zu Fleischgerichten serviert. Üblich ist auch eine Mischung

zu Stampfkartoffeln, im Eintopf oder roh als Salat.

Das im Kohl reichlich enthaltene Eisen fördert die Bildung roter Blutkörperchen. Kalzium sorgt für gesunde Knochen und Zähne. Magnesium hilft gegen Muskelkrämpfe. Auch der hohe Ballaststoffgehalt des Kohls ist erwähnenswert: Die unverdaulichen Kohlenhydrate sorgen allgemein für eine bessere Verdauung und erhöhen das Sättigungsgefühl, somit ist das Gemüse auch ideal für die kalorienarme Ernährung.

Eine der bekanntesten Varianten des Kohls ist sicherlich immer noch das Sauerkraut, von dem schon Wilhelm Buschs Witwe Bolte wusste, dass es am zweiten Tag besonders gut schmeckt: »Wofür sie ganz besonders schwärmt, wenn es wieder aufgewärmt.« Es wird aus Weiß- bzw. Spitzkohl hergestellt, geschnitten und mit Salz gestampft. Das ganze wird mit Milchsäurebakterien versetzt und für einige Wochen luftdicht gelagert. Eine Portion Sauerkraut enthält mehr Vitamin C als ein großes Glas Orangensaft.

Bunter Blattsalat

Zutaten *(für 4 Personen)*

1 Kopf Blattsalat
1 Dose Mandarinen
1 Bund Frühlingszwiebeln
1 süßer Apfel
1 Becher Joghurt
2–3 EL Schmand
Salz, Pfeffer

Küchenutensilien

Salatschüssel, Sieb, Messer,
Schneidbrett, Salatbesteck,
Salatschleuder, Dosenöffner
Rührlöffel

Zubereitung

1 | Den Salat verlesen, in kaltem Wasser waschen und in einer Salat-schleuder trocken schleudern.

2 | Die Dose Mandarinen öffnen. Die Mandarinen mit Saft in die Salatschale geben. Die Frühlingszwiebeln putzen und in feine Ringe schneiden. Den Apfel schälen, halbieren, entkernen und würfeln. Joghurt, Schmand, Salz und Pfeffer zu den Mandarinen in die Salatschale geben und verrühren. Die Apfelwürfel und die Zwiebelringe dazugeben und unterheben.

3 | Den grünen Salat vorsichtig unterheben und servieren.

Tipps und Tricks
- Man kann auch verschiedene Blattsalatsorten mischen, das gibt dem Salat eine interessante Note.
- Zur Abwechslung eignen sich auch andere Salatsoßen, siehe Kapitel »Soßen und Dressings«.

Trauben-Feldsalat

Zutaten (für 4 Personen)

250 g blaue Trauben
2 Scheiben Toastbrot
150 g frische Champignons
150 g Feldsalat
2 EL Aceto Balsamico
2 EL Öl
1 TL Senf
1 Prise Zucker

Küchenutensilien

Messer, Pfanne, Schneidbrett,
Salatschale, Salatbesteck,
Salatschleuder, Schneebesen,
kleine Schale

Zubereitung

1 | Die Trauben waschen, halbieren und entkernen. In die Salatschale geben.
2 | Die Rinde vom Toastbrot abschneiden. Die Toastbrotscheiben in Würfel schneiden und in der Pfanne rösten. Oder die Toastbrotscheiben im Toaster goldbraun toasten, auskühlen lassen und in kleine Würfel schneiden. Beiseite stellen.
3 | Die Champignons putzen und in hauchdünne Scheiben schneiden und zu den Trauben geben.
4 | Den Feldsalat verlesen, waschen und trocken schleudern. Anschließend in die Salatschale geben.
5 | Aus Essig, Öl, Senf und Zucker eine Marinade rühren. Das fertige Dressing zum Salat geben und unterheben. Den Salat kurz vor dem Servieren mit den Toastbrotwürfeln bestreuen.

Tipps und Tricks
- Auch hier kann man Abwechslung hineinbringen, indem man eine andere Vinaigrette aus diesem Buch ausprobiert: siehe Seite 160/161!
- ... oder noch zusätzliche »Salatkörner« (Sonnenblumen-, Pinien- oder Kürbiskerne) auf den Salat gibt.

Raukesalat mit Tomaten

Zutaten *(für 4 Personen)*

125 g Rauke (Rucola)
125 g Dattel- oder Cocktailtomaten
3 EL Olivenöl
2 EL dunkler Balsamicoessig
1 TL Honig
1 TL Senf
Salz und Pfeffer
2 EL Sonnenblumenkerne

Küchenutensilien

Schneidbrett, Kochmesser,
Mixbecher, kleine Pfanne,
Salatschale, Salatbesteck,
Salatschleuder

Zubereitung

1 | Die Rauke verlesen, waschen, trocken schleudern und in mundgerechte Stücke schneiden, dann in die Salatschale geben. Die Tomaten waschen und halbieren und mit der Rauke mischen.

2 | Aus dem Olivenöl, dem Balsamico, dem Honig, Senf, Salz und Pfeffer in einem Mixbecher ein Salatdressing herstellen und über den Salat geben.

3 | In einer Pfanne die Sonnenblumenkerne fettfrei anrösten und nach dem Abkühlen über den Salat streuen.

Tipps und Tricks
- Zu diesem Salat passt auch die Orangenvinaigrette (siehe Seite 160) hervorragend.
- Statt der Sonnenblumenkerne, kann man auch Kürbiskerne oder Pinienkerne nehmen; auch diese werden fettfrei in einer Pfanne angeröstet.
- Statt der Dattel- bzw. Cocktailtomaten eignen sich auch andere Tomaten, diese müssen dann entsprechend ihrer Größe geviertelt oder geachtelt werden.
- Kleine Tomaten haben einen intensiveren Geschmack als große Tomaten.
- Frisch geriebener Parmesankäse passt auch sehr gut zum Raukesalat.

Nudelsalat mit Rauke

Zutaten (für 6–8 Personen)

500 g Nudeln (Spiralnudeln)
160 g Rauke
1 TL grobes Meersalz
200 ml Olivenöl
2 Knoblauchzehen
5–6 frische Tomaten
100 g mittelalter Gouda
50 g Pinienkerne

Küchenutensilien

großer Topf, Schneidbrett,
Kochmesser, Knoblauchpresse,
Pürierstab, kleine Schüssel (500 ml),
Salatschüssel, Salatbesteck oder
2 Esslöffel, Sieb

Zubereitung

1 | Die Nudeln in Salzwasser nach Anleitung auf der Verpackung kochen. In ein Sieb abgießen, mit kaltem Wasser abspülen und abkühlen lassen.

2 | Die Rauke verlesen, waschen und klein schneiden. Die Knoblauchzehen pellen und pressen. Die Rauke, den Knoblauch, das Olivenöl und das Meersalz in eine kleine hohe Schüssel geben und mit dem Pürierstab zu einer Salatsoße verarbeiten.

3 | Die Tomaten und den Käse in kleine Stücke schneiden.

4 | Die Nudeln, die Tomaten, den Käse und die Pinienkerne in eine große Salatschale geben und vorsichtig die Salatsoße unterheben. Das Ganze etwa eine Stunde durchziehen lassen, dann servieren.

Tipps und Tricks
- Wer keinen Pürierstab zur Hand hat, kann die Rauke auch klein schneiden und in das Öl geben, dann empfiehlt es sich aber, feines statt grobes Salz zu nehmen.
- Statt Gouda kann man auch beliebigen anderen Schnittkäse, je nach eigenem Geschmack, nehmen.
- Zu diesem Salat passt gut das panierte Schnitzel von Seite 106.

Gurkensalat

Zubereitung

1 | Die Salatgurke waschen. Wenn sie geschält werden soll, dann die Gurke von der Spitze zum Stiel schälen.

2 | Den Stiel abschneiden.

3 | Die Gurke mit einem Gurkenhobel in dünne Scheiben schneiden oder mit einem Messer in Würfel (1 cm Kantenlänge) schneiden. Anschließend in eine Servierschale geben.

4 | Die Zwiebel pellen und in kleine Würfel schneiden und zu der klein geschnittenen Gurke geben.

5 | Das Salatöl, den Essig, die Gewürze und die Kräuter in eine kleine Schale oder einen Schüttelbecher geben und verrühren. Das Salatdressing zu den Gurkenscheiben oder Gurkenwürfel geben und verrühren. Eventuell noch etwas nachwürzen. Sofort servieren.

Zutaten *(für 4 Personen)*

1 große Salatgurke
1 kleine Zwiebel
3 EL Salatöl
1–2 EL Essig oder Zitronensaft
1/4 TL Salz
1/4 TL Pfeffer
1/4 TL Zucker
1 Prise Senfsaat gemahlen oder etwas milder Senf
2 TL gehackte Kräuter (Petersilie, Schnittlauch, Dill, Blattpetersilie, Borretsch o. ä. frisch aus dem Kräutergarten)

Küchenutensilien

Schneidbrett, Messer, Gemüseschäler, kleine Schale oder Schüttelbecher, Gemüsehobel, kleiner Schneebesen, Servierschale, Salatlöffel

Tipps und Tricks

- Die Kräuter sind frei wählbar.
- Den Gurkensalat nicht lange stehen lassen. Durch die Zugabe von Salz zieht die Gurke Wasser. Dadurch verwässert das Dressing. Die Gurke verliert an Nährwert und wird schwer verdaulich.
- Das Dressing kann durch die Zugabe von 2–3 EL Naturjoghurt eine andere Geschmacksrichtung erhalten.
- Vorsicht bei der Zugabe von Dill: Er hat einen intensiven Eigengeschmack. Sparsam dosieren.
- Mehr Schnittlauch kann die Zugabe von Zwiebeln ersetzen.
- Senfsaat kann durch etwas milden Senf ersetzt werden.
- Die Gurken immer von der Spitze zum Stiel schälen bzw. schneiden, damit die Bitterstoffe, die im Stiel sitzen, beim Schälen oder Schneiden nicht in die Gurken »gezogen« werden.
- Wenn getrocknete Kräuter genommen werden, das Dressing mindestens 10 Minuten durchziehen lassen, bevor es zur Gurke gegeben wird. So können sich die ätherischen Öle »freisetzen«. Wenn getrocknete Kräuter mit einen Gewürzmühle gemahlen werden, entfalten sich die ätherischen Öle noch schneller.
- Frische oder tiefgefrorene Kräuter sind empfehlenswerter. Sie enthalten mehr Vitamine und sehen frischer aus.
- Essig kann durch Zitronensaft ersetzt werden.

Bunter Nudelsalat

Zutaten (für 6–8 Personen)

250 g bunte Nudeln, z. B. Fusili
250 g Mayonnaise
125 ml Milch
½ TL Salz und ¼ TL Pfeffer aus
der Mühle
1 Bund Frühlingszwiebeln oder
1 Stange Porree
1 kleine Zucchini (200 g)
4 Tomaten
250 g Fleischwurst (Geflügel oder
Schwein)

Küchenutensilien

Kochtopf, Sieb, Salatschale,
Schneebesen, Rührlöffel,
Schneidbrett, Messer,
Messbecher, Salatlöffel

Zubereitung

1 | Die Nudeln nach Zeitangabe in Brühe oder Salzwasser kochen. Abgießen und mit kaltem Wasser abschrecken.

2 | Die Mayonnaise mit der Milch, Salz und Pfeffer in der Salatschale verrühren.

3 | Das Gemüse waschen. Bei den Tomaten den Strunk entfernen und in kleine Würfel schneiden. Die Frühlingszwiebeln oder den Porree klein schneiden. Bei dem Porree nur das Weiße und das Hellgrüne verwenden, das Dunkelgrüne ist zu hart und bitter. Die Zucchini in kleine Würfel schneiden. Die Fleischwurst in kleine Würfel schneiden.

4 | Das Gemüse, die Fleischwurstwürfel und die gekochten Nudeln zur Mayonnaise geben und unterheben. Etwa eine ½ Stunde durchziehen lassen. Vor dem Servieren noch einmal umrühren.

Tipps und Tricks
- Den Salat frisch zubereiten bzw. am selben Tag servieren.
- Es können auch Tortellini mit Fleischfüllung verwendet werden, dafür die Fleischwurst weglassen. Tortellinis in Brühe gar kochen und unbedingt eine Garprobe machen.
- Das Dressing für Nudelsalate immer gut würzen: Die Nudeln entziehen dem Dressing den Geschmack.

Ei, Ei, Ei ...

Ein Blick in die Geschichte

Eierspeisen waren und sind in der deutschen Küche schon immer sehr beliebt. Besonders Kinder lieben die altbewährten Eierpfannkuchen. Erwachsene, die es deftig mögen, bevorzugen Eier mit Speck, Rührei und andere herzhafte Eierspeisen.

Eier zu kochen klingt einfach, ist es aber nicht immer, wie wir seit Loriots Sketch wissen: Das zu harte oder zu weiche Frühstücksei hat schon so manche Partnerschaft auf eine schwere Probe gestellt. Das war offensichtlich auch in der zweiten Hälfte des 19. Jahrhunderts so, die Hausfrau wurde deshalb von Henriette Davidis in das Eierkochen eingeführt.

Eier zu kochen

Um die Eier genau nach Wunsch zu kochen, darf man sie nicht eher ins Wasser legen, als bis es stark kocht. Weiche Eier erfordern zum Kochen 3 Minuten; wenn die Dotter etwas dicklicher sein sollen, 4 Minuten; Eier zum Butterbrot oder zum Verzieren der Gemüse, wozu man das Weiße setzt, das Gelbe noch etwas weich nimmt, 5 Minuten, doch ist dabei starkes Feuer vorausgesetzt, auf welchem das Wasser nach dem Hineinthun der Eier alsbald wieder ins Kochen kommt. Auf Petroleum-Kochern braucht man etwa eine Minute mehr.

Eierpfannkuchen

Zu 3 Kuchen: 6 frische Eier, 6 kleine Eßlöffel Mehl, $^3/_{10}$ l Milch, ½ l saure Sahne, etwas Salz.

Mehl, Sahne, Eidotter und Salz werden gut gerührt, dann wird die Milch hineingegeben und kurz vor dem Backen das zu Schaum geschlagene Eiweiß durchgemischt. Werden die Kuchen mit Butter gebacken, was bei den Eierkuchen mit Sahne zu empfehlen ist, so nehme man weniger Salz.

Mindestens so alt wie die Rezepte ist auch die Frage, ob das weich gekochte Ei geköpft oder aufgeklopft werden sollte (auch heute noch ein guter Grund für einen langen Disput bei Tisch!). Die oberen Schichten tendierten generell zum Aufklopfen, während Bürger und untere Stände ihre Eier gerne mit einem Messer köpften. Jeweils ein unverzeihliches Unding in den Augen beider Seiten – je nachdem, auf welcher man stand. Die Bürger zogen also über die höfischen

Eieraufklopfer her, die ihrerseits gerne über eierköpfende Bürger herfielen und diese als Barbaren bezeichneten.

Der »Eierkrieg« führte schließlich so weit, dass man bei Tisch mit Messern aufeinander losging, wurde man eines »Barbaren« oder »gezierten Oberen« ansichtig. Schließlich servierten Wirte Eier nur noch in vorbereiteter Form, um eventuelle Schäden bei Inventar und Gast von vornherein auszuschließen. Ab dem 16. Jahrhundert schwieg man sich hartnäckig darüber aus, wie mit Eiern zu verfahren sei, und so schweben wir heute noch im Ungewissen, ob das Ei geköpft oder geklopft werden sollte.

Das berühmte »Ei des Kolumbus« ist eine überlieferte Legende und geht auf Girolamo Benzoni zurück, der

Nicht nur zur Osterzeit

Die Farbe der Eierschale sagt nichts über Geschmack, Inhaltsstoffe oder Gesundheitswert aus. Diese Faktoren werden ausschließlich von der Hühnerrasse bestimmt.

Zweifelsohne ist übermäßiger Eierkonsum nicht gesund, denn sie enthalten 200–300 mg Cholesterin, und das entspricht der empfohlenen Tagesgrenze für die Cholesterinaufnahme mit der Nahrung. Allerdings scheint es so zu sein, dass andere Stoffe im Ei dafür sorgen, dass das Cholesterin nur zum Teil ins Blut aufgenommen wird. Darüber hinaus gelingt es gesunden Menschen, eine Balance zu finden zwischen der Cholesterinaufnahme aus der Nahrung im Darm und der körpereigenen Cholesterinproduktion. Die zum Teil sehr unterschiedlichen Empfehlungen, was den wöchentlichen Höchstkonsum von Eiern anbelangt, zeigen, dass die Experten sich nicht einig sind.

Drei Eier pro Woche sind ein hervorragender Vitaminlieferant, da sie einen hohen Anteil der fettlöslichen Vitamine A, D, E und K aufweisen. Ebenso punkten sie mit Vitamin B$_{12}$, Folsäure und dem Spurenelement Eisen.

die Anekdote in seiner Schrift über die Geschichte der Neuen Welt »*Historia del mondo nuovo*« 1565 zum Besten gibt.

Als Kolumbus von seiner ersten Amerikareise ins spanische Palos zurückgekehrt war, wurde er von Kardinal Nendoza eingeladen. Bei Tisch äußerten sich die Gäste abfällig über die Leistungen des Admirals: Seine Entdeckungen seien ja gar nicht so schwierig zu meistern gewesen. Kolumbus war empört. Er schnappte sich ein Ei und forderte die Tischgesellschaft auf, es auf einer seiner beiden Spitzen zum Stehen zu bringen. Als niemandem dieses Kunststück gelang, nahm Kolumbus das Ei und schlug es mit dem einen Ende so fest auf den Tisch, dass es zwar kaputtging, aber stand. Eine geniale Idee, auf die zuvor niemand gekommen war – so wie seine Idee, Indien nicht auf dem gefährlichen Weg über Afrika, sondern über das Meer Richtung Westen zu erreichen. Nur dass er nicht in Indien an Land gegangen war, sondern Amerika entdeckt hatte …

Wissenswertes

Wo kommt das Ei her?

Die Antwort sollte auf jedem Ei stehen. Am sogenannten Erzeugercode kann man ablesen, aus welcher Haltung das Ei kommt, aus welchem Land, ja sogar aus welchem Erzeugerbetrieb.

Zuerst stehen Ziffern von 00 bis 03. Die 00 steht für ökologische Erzeugung, die »Bio-Eier«. Die 01 steht für Freilandhaltung, die 02 für Bodenhaltung und die 03 für Käfighaltung. Als nächstes kommt das EU-Länderkürzel, z. B. DE für Deutschland, NL für Niederlande usw. Dann folgt eine siebenstellige Ziffer, wobei die ersten beiden Zahlen dieser Ziffer das Bundesland bezeichnen. Die nächsten 5 Zahlen bestimmen den Erzeugerbetrieb. Wenn der Erzeugercode des Eies also z. B. 03-RO-1234567 lautet, dann weiß man, dass das Ei aus rumänischer Käfighaltung stammt und schon einen weiten Weg hinter sich hat.

Frisch und gesund?

Sie glauben an der Farbe des Eidotters erkennen zu können, ob das Ei frisch ist und dem Huhn nur »gesunde« Sachen gefüttert wurden? Weit gefehlt. Durch Futterkomponenten wie Paprikamehl, Tagetesblüten oder letztendlich Carotinoide (natürliche oder naturidentische Stoffe, dem Vitamin A verwandt) erhält das Ei eine orangegelbe Farbe und sieht dementsprechend frisch und gesund aus. Auch ist Antibiotikum als Leistungsförderer für die Legehennenfütterung zugelassen.

Die Verwendung von Futterzusatzstoffen ist allerdings in Deutschland durch strenge gesetzliche Vorschriften geregelt: Das Hühnerei muss innerhalb von 21 Tagen an den Verbraucher abgegeben werden. Das Legedatum ist auf der Verpackung aufgedruckt.

So erkennen Sie, ob das Ei frisch ist:
Schwimmtest:

Ein Gefäß mit Wasser nehmen und das Ei hineinlegen. Die frischen Eier bleiben liegen, ältere Eier richten sich auf oder schwimmen aufgrund der größer gewordenen Luftkammer sogar an der Wasseroberfläche.

Eidottertest:

Bei frischen Eiern bleibt der Eidotter nach dem Aufschlagen in der Mitte und ist schön gewölbt. Der Eidotter von nicht mehr ganz frischen Eiern ist flach und wandert an den Rand.

Schütteltest:

Hört man beim Schütteln des Eies ein gluckerndes Geräusch, so ist das ein Zeichen für eine vergrößerte Luftkammer und damit für ein nicht mehr frisches Ei.

Nach dem Einkauf sollte man die Eier mit dem stumpfen runden Ende nach oben in den Kühlschrank legen, denn in dem runden Ende befindet sich die Luftkammer.

Senfeier

Zutaten (für 4 Personen)

12 Eier
35 g Butter
35 g Mehl
1/2 l kalte Fleischbrühe
2 EL Senf
Salz, Pfeffer
Zucker
Essig

Küchenutensilien

2 kleine Kochtöpfe, Waage,
Messbecher, Schneebesen,
Servierschale oder Terrine

Zubereitung

1 | Die Eier weich oder mittelfest kochen und abpellen, die restliche Eierschale ggf. mit Wasser abspülen. Die Eier wieder in den Kochtopf mit etwas heißem Wasser geben, Deckel verschließen und beiseite stellen.

2 | Die Butter in einem Kochtopf zerlassen (schmelzen). Das Mehl dazugeben, verrühren und darin hellgelb anschwitzen.

3 | Die kalte Brühe unter ständigem Rühren nach und nach zufügen und 10 Minuten auf kleiner Flamme gut durchkochen. Ständig rühren!

4 | Den Senf dazugeben und verrühren. Die Soße mit Salz, Pfeffer, Zucker und Essig abschmecken.

5 | Die gekochten Eier in eine Servierschale oder in eine Terrine geben und die Senfsoße darübergießen und servieren.

Tipps und Tricks

- Die Eier nicht hart kochen, sie garen beim Warmhalten bzw. in der Soße nach.
- Wenn Eier zu lange gekocht werden, wird das Eigelb grünlich oder bläulich.
- Zu den Senfeiern Salzkartoffeln servieren.
- Die Senfeier mit frischer gehackter Petersilie oder klein geschnittenem Schnittlauch bestreuen.
- Die Mehlschwitze muss heiß sein und die Flüssigkeit, die dazugegeben wird, kalt. Sonst haben Sie Klümpchen in der Soße!
- Die Senfsoße kann auch mit etwas flüssiger Sahne verfeinert werden.

Pfannkuchen

Zutaten (für ca. 10 Pfannkuchen)

250 g Mehl
0,75 l Milch
10 Eier
1 Messerspitze Salz
80 g Fett zum Braten

Küchenutensilien

Pfanne (22–24 cm Durchmesser),
Rührschüssel, Schneebesen oder
Mixer, Pfannenwender, Schöpfkelle,
Waage, Messbecher

Zubereitung

1 | Das Mehl und die Milch gut verrühren. Die Eier und das Salz dazugeben und alles zu einer glatten Masse schlagen.

2 | Die Pfannkuchen in einer Pfanne mit etwas heißer Margarine backen. Dazu den Teig mit einer Schöpfkelle in die Pfanne geben, bis der gesamte Pfannenboden bedeckt ist (normalerweise reicht eine gefüllte Kelle). Wenn der Teig an der Oberfläche gestockt ist, vorsichtig wenden. Der Pfannkuchen ist fertig, wenn er von beiden Seiten schön gebräunt ist.

Tipps und Tricks

- Um die Pfannkuchen lockerer zu machen, kann man die Eier trennen und das Eiweiß als Schnee unter die angerührte Masse heben.
- Ein guter Schuss Mineralwasser macht den Teig ebenfalls locker (die Kohlensäure im Mineralwasser lockert den Teig auf); einfach die entsprechende Menge Milch weglassen.
- Pikant: Pfannkuchen können u.a. mit eingebackenem Speck serviert werden.
- Süße Variante: Mit eingebackenen Apfelscheiben, Zimt und Zucker oder mit Gelee bzw. Marmelade nach Geschmack servieren.
- Die Pfanne muss eingefettet sein, sonst klebt der Teig an der Pfanne. Aber Achtung: Nur leicht einfetten, sonst spritzt es.
- Pfannkuchen nur einmal drehen und erst dann, wenn der Pfannkuchen goldgelb ist.
- Wenn das Mehl vorm Anrühren gesiebt wird, wird der Teig lockerer.
- Die Pfannkuchen sollen goldgelb und leicht aufgebläht sein und schnellstens serviert werden.

Rühreier maritim

Zubereitung

1 | Das Krabbenfleisch abbrausen und mit dem Zitronensaft beträufeln. Die Eier mit der Milch, dem Salz und dem Pfeffer verquirlen.
2 | Die Butter in der Pfanne erhitzen und die Krabben kurz darin schwenken. Dann die Eimasse zugeben und langsam stocken lassen. Dabei hin und wieder mit einem Pfannenwender oder Rührlöffel locker rühren. Inzwischen Schnittlauch waschen und in Röllchen schneiden.
3 | Sobald die Ei-Krabben-Masse fest, aber noch glänzend ist, von der Seite her zur Mitte hin schieben, auf eine vorgewärmte Platte geben und mit den Schnittlauchröllchen bestreut servieren.

Zutaten *(für 4 Personen)*

100 g Krabbenfleisch
etwas Zitronensaft
8 Eier
4 EL Milch
Salz, Pfeffer
20 g Butter
Schnittlauch

Küchenutensilien

Schüssel, Schneebesen oder Gabel,
Pfanne, Schneidbrett, Messer,
Pfannenwender oder Rührlöffel,
Waage

Rühreier deftig

Zubereitung

1 | Die Zwiebeln klein hacken und den Speck in kleine Würfel schneiden. Die Speck- und die Zwiebelwürfel in der Pfanne mit dem Fett anbraten, wobei die Zwiebeln etwas später in die Pfanne kommen, da sie sonst verbrennen.
2 | Die Eier, die Milch, das Salz und den Pfeffer verquirlen. Vorsicht mit dem Salz, denn der Speck ist ebenfalls gesalzen!
3 | Wenn der Speck knusprig ist und die Zwiebeln leicht gebräunt sind, die Eimasse dazugeben und mit einem Rührlöffel die Masse immer wieder auflockern, bis das Ei gestockt ist. Die Petersilie hacken und über die Eier geben und sofort servieren.

Zutaten *(für 4 Personen)*

1 kleine Zwiebel
100 g Frühstücksspeck
8 Eier
4 EL Milch
Salz, Pfeffer
Petersilie zum Garnieren

Küchenutensilien

Schneidbrett, Gemüsemesser,
Schüssel, Schneebesen, Pfanne,
Rührlöffel oder Holzspatel

Rühreier mediterran

Zutaten (für 4 Personen)

½ kleine Zucchini
1 große Fleischtomate
1 EL Olivenöl
8 Eier
4 EL Milch
Salz, Pfeffer
½ Bund Basilikum

Küchenutensilien

Schneidbrett, Kochmesser, Pfanne,
Schüssel, Schneebesen, Rührlöffel
oder Holzspatel

Zubereitung

1 | Die Zucchini in kleine Würfel schneiden. Die Tomate aufschneiden, entstielen und entkernen, das Tomatenfleisch ebenfalls in kleine Stücke schneiden.

2 | Das Olivenöl in der Pfanne heiß werden lassen und die Zucchini anbraten, nach einer Weile die Tomatenstücke dazugeben und alles salzen und pfeffern. Nur ganz kurz in der Pfanne erwärmen.

3 | Die Eier und die Milch in einer Schüssel verquirlen und ebenfalls salzen und pfeffern. Die Eimasse zu den Zucchini und den Tomaten hinzugeben und stocken lassen.

4 | Das Basilikum fein hacken und ein paar Blätter zum Garnieren zurückbehalten. Das Basilikum unter das fertige Rührei geben, auf einen Teller geben und mit den Basilikumblättchen garnieren.

Tipps und Tricks

- Das sind nur drei der unzähligen Varianten des Rühreis. Hier sind der Phantasie keine Grenzen gesetzt.
- In einer beschichteten Pfanne braucht man weniger Fett.
- Die Eier durch Rühren in Bewegung halten, damit sie nicht anbrennen und gleichmäßig garen.

Soleier

Zutaten *(für 4–6 Personen)*

10 Eier
4 EL Salz
1 l Wasser
Salz, Pfeffer
Essig
Sonnenblumenöl oder Maiskeimöl
Senf (Würze nach eigenem
Geschmack)

Küchenutensilien

Kochtopf oder Eierkocher, großes
Einweckglas oder Gurkenglas,
kleines scharfes Messer, Zange
oder Schaumkelle, kleiner Teller,
Pipetten oder Ausgießer für die
Flaschen, Buttermesser, Messbecher

Zubereitung

1 | Die Eier hart kochen. Nach dem Kochen die Schale mit einem Löffel etwas brüchig klopfen. In das Glas legen.
2 | Salz und Wasser vermengen. Solange rühren, bis sich das Salz aufgelöst hat. Das Salzwasser über die Eier gießen. Sie müssen komplett mit dem Salzwasser bedeckt sein. Mindestens 24 Stunden durchziehen lassen.
3 | Die Eier können ca. 1 Woche im Salzwasser aufbewahrt werden. Sie müssen unbedingt kühl stehen. Je länger die Eier im Salzwasser liegen, desto »würziger« werden sie.

Die »Eier-Zelebration«:

Ein Solei mit einer Zange oder Schaumkelle aus dem Salzwasser entnehmen. Das Ei pellen und mit einem scharfen Messer längst ganz durchschneiden. Das Eigelb vorsichtig herausdrücken. Darauf achten, dass es in einem Stück bleibt. In das Ei etwas Essig und Öl hinein geben. (Von jedem nur 1–2 Tropfen! Pipetten für Lebensmittel eignen sich sehr gut dafür. Oder Ausgießer auf die Flaschen geben bzw. kleine Mokkalöffel benutzen). Eigelb mit etwas Senf bestreichen und wieder in das Ei setzen. Das Ei mit Salz und Pfeffer würzen. Nach Möglichkeit auf einmal bzw. in einem Stück genießen.

Tipps und Tricks
- Als Essig sollten Sie Wein-, Apfel- oder Balsamicoessig nehmen.
- Bei der Wahl des Öls sollten Sie bei Sonnenblumen- oder Maiskeimöl bleiben. Andere Öle haben einen zu intensiven Eigengeschmack und passen nicht zum Senf.
- Bei der Senfschärfe wird scharfer Senf bevorzugt.
- Eine herzhafte Angelegenheit, die gerne zum frisch gezapften Bier angeboten wird.

F(r)isch auf den Tisch

Ein Blick in die Geschichte

Fisch ist heute in allen Variationen und durch den weltweiten Handel zu einem wichtigen Lebensmittel geworden und zu jeder Zeit erhältlich; viele Köche kennen in- und ausländische Fischrezepte. Doch sind die einheimischen Fischsorten und ihre Zubereitung noch bekannt? Da wusste man im 19. Jahrhundert noch besser Bescheid. Damals oblag es der Hausfrau, den Fisch zu säubern und auszunehmen. Folgende Regeln stehen dazu in dem Kochbuch von Henriette Davidis:

Allgemeine Regeln für die Vorbehandlung und Zubereitung von Fischen und Schalentieren

Zubereitung im frischen Zustande. Alle Fluß- und ungesalzenen Fische müssen ganz frisch zubereitet werden, weil sie bald den Geschmack verlieren und dann Ekel erregen und der Gesundheit höchst nachteilig sind. Der Fisch ist am besten, wenn er gleich nach dem Fange geschlachtet, sofort ausgenommen und alsbald zum Verkauf gebracht ist. Verletzte gefangene Fische im Wasser noch möglichst lange lebendig erhalten ist nicht nur eine Tierquälerei, sondern es verschlechtert sich auch die Qualität bei diesem langsamen Hinsterben.
Zu den meisten Fischspeisen werden die Fische geschuppt. Es wird ihnen der Kelch aufgeschnitten, das Eingeweide herausgenommen, wobei die Galle vorsichtig von der Leber geschnitten werden muß, da diese, wenn sie verletzt wird, einen bitteren Geschmack mitteilt, der sich nicht durch Abspülen verliert. Dann werden sie gut gewaschen, entweder ganz gelassen oder in Stücke geteilt.

Lachs mit Kräutern

Der Lachs wird gehörig gereinigt und in passende Stücke geschnitten, mit Salz bestreut und eine Stunde hingestellt. Dann mischt man folgende Kräuter, als [da sind] Petersilie, Schalotten, Dragon, Kapern, und ausgewässerte und entgrätete Sardellen und etwas gestoßenen Pfeffer, und thut sie in frisch zerlassener Butter nebst soviel Zitronensaft, daß diese einen säuerlichen Geschmack erhält, stellt sie aufs Feuer, legt, wenn sie warm geworden, den Lachs hinein und läßt ihn unter fleißigem Umwenden 2 Stunden darin liegen, während die Butter nur flüssig erhalten wird, aber nicht braten darf. Nun wird in einer Pfanne Butter heiß gemacht und der Lachs 10 Minuten darin gebraten, wobei man ihn mittels einer Feder mit der Kräuterbutter auf beiden Seiten bestreicht.
Zur Sauce wird die übrig gebliebene Marinade mit 2 Glas weißem Wein und einigen Löffeln guter Kraftbrühe eingekocht, und sollte sie nicht säuerlich genug sein, mit Zitronensaft versetzt und mit einem Eidotter abgerührt.

Eine Kuriosität, die sich bis heute erhalten hat, ist der sogenannte Bismarck-Hering. Wie kam er zu seinem Namen? Der Reichskanzler Bismarck vergab im Jahre 1871 dem Fischereigewerbe aus dem Steuersäckel der preußischen Regierung einen großzügigen Kredit. Seit dieser Zeit heißt der Hering aus Dankbarkeit »Bismarck-Hering«. Er zählte als Speisefisch der Armen. Im Handel sind die Heringe heute in vielen Varianten erhältlich: Salzheringe, grüne Heringe, Brat-, Matjes- und Bismarck-Heringe. Ob Bismarck allerdings seinen Hering auch zum Tee verspeiste, bleibt sein Geheimnis. Hier ein Rezept der Kochbuchexpertin Henriette Davidis aus dem 19. Jahrhundert:

Hering zum Thee

Etwa 1½ Obertasse saure Sahne wird gut gerührt, dazu gegeben 3 Theelöffel Senf, 2 Esslöffel feines Öl, ebensoviel feiner Essig, ½ fein geriebene Zwiebel sowie etwas Pfeffer und dies alles tüchtig verrührt.
Zu dieser Masse nehme man 6 Stück gut gewässerte und vorbereitete Heringe, befreie sie sorgfältig von den Gräten, zerschneide sie in längliche Streifen und vermische sie tüchtig mit der Sauce.
Wird als Beilage zum Thee und Butterbrot gegeben.

Wissenswertes

Fisch gehört frisch auf den Tisch, deshalb darf zu keiner Zeit die Kühlkette unterbrochen werden, begonnen beim Fang bis hin zum Fischhändler. Ein Zeichen für frischen Fisch ist, wenn er beim Fischhändler auf Eis angeboten wird. Ideal ist, wenn man den ganzen Fisch zu sehen bekommt. So können sich die Käufer am besten von der Qualität überzeugen.
Frischer Fisch verdirbt deshalb so schnell, weil er einen hohen Wassergehalt hat, der Bakterien einen guten Nährboden liefert. Je nach Temperatur gelangen

diese schnell (bei Wärme) oder langsam (bei Kälte) in das Muskelfleisch und zersetzen es.

Folgendes sollte beim Einkauf und der Lagerung von Fisch beachtet werden:

- Die Haut ist feucht und silbrig glänzend, die Schleimschicht ist wasserklar.
- Die Augen sind schön rund, blank und prall gewölbt.
- Die Kiemen sind hellrot und leuchtend klar.
- Der Fisch riecht frisch nach Salzwasser.
- Das Fischfleisch ist elastisch und fest.
- Fischfilets oder Fischsteaks müssen an den Schnittstellen feucht sein und frisch riechen.
- Bräunliche Verfärbungen an den Rändern (Schnitt-stellen) deuten darauf hin, dass der Fisch nicht mehr frisch ist.
- Bei küchenfertigen Filets und Fischkarbonaden (Fischstücke mir Gräten) muss man sich auf den frischen Geruch verlassen. Außerdem sollte das Fleisch glänzen und auf Daumendruck elastisch nachgeben.
- Einfach ist die Beurteilung von Tiefkühlfisch. Der Fisch wird meist schon an Bord der Fangschiffe ausgenommen und sofort tiefgefroren. Daher ist

für die Frische das Haltbarkeitsdatum auf der Tief-kühlpackung maßgeblich, vorausgesetzt, der Fisch wird im Tiefkühlfach oder im Gefrierschank richtig gelagert.
- Frischer roher Fisch kann im Kühlschrank 1–2 Tage gelagert werden. Am besten ist dabei ein Behälter mit Gitter- oder Siebeinsatz, damit der Fisch tro-cken liegt.
- Im Gefrierschrank kann man bei −18 °C mageren Fisch 5 Monate, fetten Fisch nur 2 Monate einfrieren.

Die wichtigsten Regeln für die Zubereitung von Fisch lautet: säubern, säuern, salzen!
- Säubern: Frischfisch sorgfältig unter fließend kal-tem Wasser abspülen. Bei Tiefkühlware wird der Fisch nur kurz abgespült.
- Säuern: Mit etwas Zitronensaft beträufeln.
- Salzen: Gesalzen wird immer erst kurz vor dem Garen oder Braten, sonst trocknet das Fischfleisch aus.
- Garen: Fisch wird nur kurz gegart, sonst wird er trocken und hart.
- Gegrillter Fisch benötigt weniger Salz und Gewür-ze, weil die Mineralstoffe nicht wie in Topf oder Pfanne ausgeschwemmt werden. Fischfilets oder Fisch in Scheiben erst nach dem Grillen würzen. Ein ganzer Fisch wird innen mit einer kleinen Prise Salz eingerieben.

Ein vielseitiges Lebensmittel

Fisch ist ein wertvolles Lebensmittel, das hoch-wertiges Eiweiß, lebensnotwendige Fettsäuren und den Mineralstoff Jod enthält. Insbesondere Seefisch ist für eine gesunde und herzschüt-zende Ernährung zu empfehlen. Der Gehalt an sogenannten Omega-3-Fettsäuren wirkt im menschlichen Körper gefäßerweiternd, verbes-sert die Fließeigenschaft des Blutes und entla-stet das Herz in seiner Pumpleistung. Daneben werden diesen ungesättigten Fettsäuren auch entzündungshemmende Eigenschaften zuge-sprochen, die sich z. B. beim Krankheitsbild Rheuma positiv auswirken. Zu empfehlen sind 1–2 Fischmahlzeiten pro Woche in der Menge von je 100–150 g.

Matjesfilet mit grünen Bohnen

Zutaten (für 2 Personen)

400 g grüne Bohnen
30 g Butter
Salz, Pfeffer
4 Matjesfilets
1/2 EL Essig
1 Zwiebel
2 EL gehackte Petersilie

Küchenutensilien

Kochtopf, Schälmesser, Sieb
oder Durchschlag, Schneidbrett,
Fisch- oder Servierplatte

Zubereitung

1 | Die Bohnen fädeln, das heißt ein Ende abschneiden und dabei
den Bohnenfaden mit abziehen. Dann das zweite Ende abschnei-
den und die Bohnen waschen, brechen und in wenig Salzwasser
gar kochen. Die Bohnen in ein Sieb gießen.

2 | Die Butter in den Kochtopf geben und bei mittlerer Hitze schmel-
zen lassen. Die gekochten Bohnen zu der Butter geben und darin
schwenken. Mit Salz und Pfeffer würzen.

3 | Die Matjesfilets unter kaltem Wasser abwaschen und mit Haus-
haltspapier abtupfen, auf einer Platte anrichten und mit dem Essig
beträufeln. Die Zwiebel schälen, in Ringe schneiden und auf die
Filets verteilen. Die Bohnen dazugeben und mit der gehackten
Petersilie bestreuen, dann servieren.

Tipps und Tricks
• Dazu passen Pellkartoffeln.
• Wenn es schnell gehen soll, kann man auch tiefgekühlte Bohnen und
Petersilie verwenden.
• Dieses Gericht eignet sich auch als eine schnelle Abendbrot-Mahlzeit.

Fisch-Schaschlik

Zutaten (für 4 Personen)

500 g Rotbarschfilet
Saft einer 1/2 Zitrone
125 g geräucherter Frühstücksspeck
in Scheiben
2 Zwiebeln
1 Zucchini (250 g) oder 2 rote
Paprikaschoten
50 g Butterschmalz
Salz
Pfeffer
Paprika
50 g Kräuterbutter

Küchenutensilien

Schneidbrett, Kochmesser,
Zitronenpresse, 8 Spieße, Pfanne,
Essteller, Auflaufform

Zubereitung

1 | Das Fischfilet unter kaltem Wasser abbrausen, abtrocknen und in gleichmäßige Stücke (etwa 3 x 3 cm) schneiden. Die Fischstücke auf einen Teller legen und mit dem Zitronensaft beträufeln.

2 | Die Zwiebeln pellen, vierteln und die Zwiebelschichten auseinandernehmen. Die Zucchini oder Paprika waschen und in gleich große Stücke schneiden. Die Speckscheiben von der kurzen Seite her aufrollen.

3 | Alle Zutaten abwechselnd auf die 8 Spieße stecken.

4 | Das Fett in einer Pfanne erhitzen. Bei mittlerer Hitze die Fischspieße von allen Seiten (jeweils 2 Minuten) braten. Nach dem Anbraten mit Salz, Pfeffer und Paprika würzen.

5 | Die Fischspieße in eine vorgewärmte Auflaufform legen. Die Kräuterbutter in Scheiben oder in kleine Stücke schneiden und auf die Fischspieße verteilen. Sofort servieren.

6 | Dazu passt grüner Salat und Reis oder Baguette und der Tomatendip von Seite 149.

Tipps und Tricks

- Man kann auch jedes andere Fischfilet nehmen, es erhöht oder senkt sich dabei aber die Garzeit je nach Fischart.
- Auch die Gemüsearten sind austausch- oder erweiterbar, nur muss man darauf achten, dass die Gemüsesorten ungefähr die gleiche Garzeit haben.
- Sie können auch die Fischspieße vorher mit Kräuteröl marinieren (ein Rezept für Kräuteröl finden Sie auf Seite 160), dementsprechend weniger Fett brauchen Sie zum Anbraten der Spieße.

Fisch unter der Haube

Zutaten (für 2 Personen)

2–4 Knoblauchzehen
Salz
50 ml Olivenöl
2 mittelgroße Fischfilets je 150 g
(Lachsforelle, Wels oder Pangasius)
250 g Tomaten
4 Schalotten
1 Zitrone
2–4 Stängel Rosmarin
2–4 Stängel Zitronenthymian
1 Bund Petersilie

Küchenutensilien

Schälmesser, Auflaufform, Alufolie,
Knoblauchpresse, Backpinsel,
Kochmesser, Messbecher,
kleine Schale, Schneidbrett

Zubereitung

1 | Den Knoblauch pressen oder fein hacken und zusammen mit einer guten Prise Salz zu dem Olivenöl geben und vermengen.

2 | Die Filets waschen und mit einem Küchentuch trocken tupfen, danach in die Auflaufform geben. Die Filets in der Auflaufform mit dem vorbereiteten Öl von beiden Seiten einpinseln und eine 1/2 Stunde durchziehen lassen.

3 | Die Tomaten waschen, den Strunk entfernen, vierteln, entkernen und in kleine Würfel schneiden. Die Schalotten schälen und ebenfalls in kleine Würfel schneiden. Die Zitrone waschen und in Scheiben schneiden. Die Kräuter waschen, 2 Stängel Petersilie zur Dekoration zurückbehalten.

4 | Die Zitronenscheiben auf den Fisch legen. Die Kräuter, Tomaten- und Schalottenwürfel darüber und darum verteilen.

5 | Restliches Olivenöl über die Filets geben. Die Auflaufform mit Alufolie abdecken und für etwa 20 Minuten bei 200 °C Ober- und Unterhitze oder bei 170 °C Umluft in den vorgeheizten Ofen schieben.

6 | Zu dem Fischfilet eignet sich hervorragend Reis oder ein Reis-Wild-reis-Gemisch. Dazu die Zitronenscheiben und die Kräuterstängel vom Fisch entfernen. Die Tomaten und die Schalotten mit dem heißen Reis vermischen und zu dem Filet servieren.

Tipps und Tricks

- Man kann fast jeden Fisch dazu verwenden, es muss kein Filet sein. Nimmt man einen ganzen Fisch, empfiehlt es sich, ihn vom Händler küchenfertig zu kaufen oder aus der Tiefkühltruhe küchenfertigen Fisch zu nehmen.
- Bei einem ganzen Fisch legt man die Zitronenscheiben und die Kräuter ins Innere des Fisches. Die Aromen können den Fisch so besser durchdringen.
- Ein ganzer Fisch ist gar, wenn sich die Schwanzflosse leicht lösen lässt.
- Auch die Kräuter sind beliebig austauschbar, so passt z. B. Estragon auch gut zu Fisch.
- Bei der Garzeit können leider keine exakten Angaben gemacht werden, da je nach Fischart die Garzeit variiert, auch brauchen ganze Fische länger als Filets.
- Statt einer Auflaufform kann man den Fisch auch zu Päckchen aus Alufolie wickeln.

Lachs mit Spinat in Meerrettichsoße

Zutaten (für 4 Personen)

500 g Lachsfilet
1 mittelgroße Zwiebel
250 g Champignons
1/4 l Wasser
100 ml Weißwein
Salz, Pfeffer
250 g Blattspinat (TK)
1 EL Butter oder Öl
100 g Sahne
100 ml Milch
2 EL Meerrettich
2 EL gehackter Dill
4 EL heller Soßenbinder

Küchenutensilien

breiter Topf, große und tiefe
Pfanne, Schneidbrett, Kochmesser,
Rührlöffel, Auflaufform,
Schaumkelle, Messbecher,
Schneebesen

Zubereitung

1 | Das Lachsfilet in größere Stücke teilen (etwa 5 x 5 cm).
2 | Die Zwiebel fein hacken und die Champignons in Scheiben schneiden.
3 | Das Wasser und den Wein mit etwas Salz zum Kochen bringen. Den Lachs und den gefrorenen Blattspinat dazugeben, Topf verschließen und etwa 10 Minuten bei kleiner Hitze gar ziehen lassen. Nicht kochen lassen.
4 | In der Zwischenzeit die Zwiebel und die Champignons in Butter anbraten und mit Salz und Pfeffer etwas würzen. In eine vorgewärmte Auflaufform geben.
5 | Den Lachs und den Spinat mit einer Schaumkelle aus dem Sud nehmen und auf das Champignonbett setzen. In den Backofen bei 100 °C warm stellen.
6 | Den Sud mit der Sahne, der Milch und dem Meerrettich verrühren und mit Salz und Pfeffer und dem gehackten Dill abschmecken. Die Soße mit Soßenbinder andicken und über den Lachs geben. Sofort servieren.

Tipps und Tricks
- Dazu passen Reis oder Bandnudeln und ein Glas Weißwein.
- Es kann auch tiefgefrorener Lachs genommen werden, dann etwa 1 Stunde vorher auftauen.
- Falls Sie frischen Spinat verwenden, extra andünsten und direkt zu den gebratenen Champignons geben, nicht mit dem Lachs mitkochen lassen.
- Statt Lachs kann man auch einen anderen Fisch nehmen, eventuell verändert sich aber dann die Garzeit.
- Krabben statt Lachs sind eine fettarme Alternative.

Fischsalat

Zutaten *(für 2 Personen)*

300 g Fischfilet (Seelachs)
Salz
etwas Zitronensaft
1 kleines Lorbeerblatt
1 l kochendes Wasser
für die Salatsoße:
1 Zwiebel
1 Apfel
2 hart gekochte Eier
1 Gewürzgurke
150 g Joghurt
3 EL Mayonnaise
1 TL Senf
Kräuter (Schnittlauch, Petersilie, Dill)
etwas Gurkenwasser

Küchenutensilien

Wasserkocher, Schale oder kleiner
Kochtopf mit Deckel, Schneidbrett,
Messer, Salatschale, Schneebesen,
Teigschaber

Zubereitung

1 | Den Fisch kalt abspülen. Etwas salzen und säuern. Den Fisch und das Lorbeerblatt in eine Schale oder kleinen Kochtopf legen und das kochende Wasser darübergießen. Deckel auflegen. Für etwa 10–15 Minuten gar ziehen lassen. Unter den Topf oder unter die Schale einen Topflappen oder ein Tuch legen, damit die Wärme des Wassers nicht so schnell entweicht.

2 | Die Zwiebel pellen. Den Apfel waschen, schälen und entkernen. Die gekochten Eier pellen.

3 | Den Joghurt, die Mayonnaise, den Senf und das Gurkenwasser verrühren. Die Zwiebel, den Apfel, die Gewürzgurke und die Eier in kleine Würfel schneiden, zur Salatsoße geben und verrühren.

4 | Den gegarten Fisch aus dem Sud nehmen auf einen Teller legen. Etwas auskühlen lassen. Mit 2 Gabeln zerteilen und in die Soße geben und vorsichtig unterheben.

Tipps und Tricks

- Dazu Vollkornbrot servieren.
- Festes Fischfilet wählen, z. B. Rotbarsch, Seelach, Thunfisch oder Lachs. Wenn gefrorener Fisch verwendet wird, verlängert sich die Garzeit um 5–10 Minuten.
- Fisch wird nicht gekocht, sondern pochiert. Das heißt, er wird in Flüssigkeit unter dem Siedepunkt gar gezogen.

Lachs in Kräuterkruste und Weißweinsoße

Zutaten (für 2 Personen)

300 g Lachsfilet (frisch/aufgetaut)
Salz
etwas Zitronensaft
Margarine zum Ausfetten
1 kleine Zucchini
1 kleine Zwiebel
1 EL Margarine
Salz, Pfeffer
100 ml Gemüsebrühe

für die Kräuterkruste:

50 g Butter
50 g Paniermehl
2 EL gehackte Petersilie
2 EL klein geschnittener Schnittlauch
1 EL Estragon
Salz, Pfeffer
1 Knoblauchzehe (gepresst)

für die Weißweinsoße:

20 g Butter
20 g Mehl
200 ml Fischfond
100 ml Sahne
8 cl trockener oder halbtrockener
Weißwein
4 cl Wermut/trockener Martini
oder Gin
etwas Zitronensaft
Salz, Pfeffer und Cayennepfeffer

Küchenutensilien

Zitronenpresse, Auflaufform, 3 kleine
Töpfe, Knoblauchpresse, Rührlöffel,
Schneebesen, Messer, Messbecher,
Schneidbrett, Waage

Zubereitung

1 | Das Fischfilet mit kaltem Wasser abspülen. Salzen und säuern. In eine ausgefettete Auflaufform legen.

2 | Die Zucchini waschen, die Zwiebel pellen und beides in kleine Würfel schneiden.

3 | Die Margarine im Kochtopf zerlassen. Die Gemüsewürfel darin anschwitzen, würzen und mit der Brühe ablöschen. Kurz aufkochen lassen und um das Fischfilet verteilen.

4 | Die Butter in einem Topf zerlassen, das Paniermehl, die Kräuter und Gewürze dazugeben, verrühren und abschmecken.

5 | Die Kräutermischung auf das Fischfilet geben, verstreichen und etwas andrücken. Die Auflaufform in den vorgeheizten Backofen auf ein Gitter stellen. Bei 180 °C 30 Minuten backen.

6 | Inzwischen die Butter in einen Kochtopf geben und zerlassen, das Mehl dazugeben und mit einem Schneebesen verrühren. So lange anschwitzen, bis das Mehl hellgelb ist.

7 | Den kalten Fischfond dazugeben und unter ständigen Rühren bei mittlerer Hitze 10 Minuten aufkochen. Die Sahne dazugeben und nur kurz aufkochen lassen.

8 | Den Wein, den Wermut o. ä., Zitronensaft und die Gewürze dazugeben. Nicht mehr aufkochen lassen, abschmecken und die Soße warm halten.

Tipps und Tricks

• Als Beilage passen grüne oder weiße Bandnudeln oder kleine Salzkartoffeln und grüner Salat mit einem Essig-Öl-Dressing.

Schollenfilet in Eihülle

Zutaten

4 Schollenfilets (ca. 150 g)
Salz, Pfeffer
1 Zitrone
3 EL Mehl
2 Eier
1 EL Butter oder Butterschmalz

Küchenutensilien

große Pfanne, 2 Essteller,
Schneebesen, Zitronenpresse

Zubereitung

1 | Den Fisch kalt abspülen, salzen und pfeffern.

2 | Die Zitrone halbieren und eine halbe Zitrone auspressen, die andere Hälfte in Scheiben schneiden.

3 | Mit dem Zitronensaft die Schollenfilets beträufeln und etwas ziehen lassen.

4 | In der Zwischenzeit die Eier verquirlen und ebenfalls mit Salz, Pfeffer und Zitronensaft würzen.

5 | Die Teller vorbereiten, auf den einen Teller das Mehl geben und auf den anderen Teller die verquirlten Eier gießen. Die Schollenfilets erst in Mehl wenden. Dann die Filets in der Eimasse wälzen.

6 | Die Butter oder das Butterschmalz in der Pfanne zerlassen und die Filets von beiden Seiten kurz darin anbraten.

7 | Beim Servieren die Schollenfilets mit den restlichen Zitronenscheiben garnieren.

Tipps und Tricks
- Schollenfilets sind sehr dünn, deshalb haben diese Filets eine sehr kurze Garzeit.
- Dazu passen die Senfsoße von Seite 150 und Salzkartoffeln.
- Ein Gurkensalat eignet sich gut als Salatbeilage.
- Sie können auch jedes andere Fischfilet nehmen, eventuell verändert sich dann aber die Garzeit geringfügig.

Fleisch und andere Köstlichkeiten

Ein Blick in die Geschichte

Während Fleisch heute in allen Variationen zu jeder Zeit erhältlich ist, hatten unsere Vorfahren es ungleich schwerer mit der Beschaffung, Haltbarmachung und Zubereitung dieses so viel gepriesenen und begehrten Lebensmittels. Täglich Fleisch zu essen war in der Regel den oberen Ständen vorbehalten. Die Mehrheit der Bevölkerung in deutschen Landen begnügte sich im Alltag zwangsläufig eher mit Getreide-, Kartoffel-, Hülsen-, Gemüse- und Eintopfgerichten, was, wie wir heute wissen, der Gesundheit auch zuträglicher war.

Für Jean Anthelme Brillat-Savarin ist das Leben ohne Fleisch für einen Menschen undenkbar. In seinem Standardwerk »Physiologie des Geschmacks« von 1865 schreibt er dazu: »Man braucht sich nicht darüber zu wundern, daß der Mensch sich von Fleisch zu nähren suchte; sein Magen ist zu klein, und die Früchte enthalten zu wenig aneignungsfähige Substanz, um zu seiner Ernährung genügen zu können; er könnte sich vielleicht besser von Gemüsen nähren, aber diese Diät verlangt Künste, die erst im Laufe der Zeiten sich entwickeln konnten. Die ersten Waffen mochten Baumäste sein; später hatte man Bogen und Pfeile.

Es ist höchst merkwürdig, daß überall, wo man den Menschen auch gefunden haben mag, unter allen Klimaten und Breitengraden, man ihn mit Bogen und Pfeilen bewaffnet fand. Diese Gleichförmigkeit ist schwer zu erklären; man sieht nicht ein, wie dieselbe Ideenverbindung sich Individuen mitteilte, die in so verschiedenen Umständen lebten; es muss das von einer Ursache herrühren, die sich hinter dem Vorhange der Zeiten verbirgt. Das rohe Fleisch hat nur eine Unannehmlichkeit, denn es klebt durch seine Zähigkeit an den Zähnen, außerdem ist sein Geschmack nicht unangenehm, mit etwas Salz gewürzt ist es leicht verdaulich und dürfte wohl nährender sein als jedes andere.«

Roh kam Fleisch in deutschen Landen selten auf den Tisch: Es wurde ein erheblicher Aufwand betrieben, Fleisch zuzubereiten. Liest man die »Allgemeinen Regeln bei der Vorbehandlung des Fleisches« im Kochbuch-Klassiker des 19. Jahrhunderts von Henriette Davidis nach, so wird deutlich, dass zu dieser Zeit nur unter großen Mühen ein Sonntagsbraten auf den Tisch kam.

Vorbehandlung des Fleisches

Ochsen- oder Rindfleisch, auch Hammelfleisch, welches gebraten werden soll, muß im Sommer, in einem reinen Beutel von Mull oder Leinen eingebunden, erst einige Tage an einem kalten luftigen Ort hängen, wodurch es milder wird; im Winter, bei nicht feuchter Witterung kann es bis zu acht Tagen alt werden. Kalbfleisch darf im Sommer bei kühlem Wetter höchstens drei Tage alt

Fleisch – Darf's ein bisschen mehr sein?

»Fleisch ist ein Stück Lebenskraft« – dieser Werbeslogan bestätigt vielleicht so manchen Esser darin, eine Mahlzeit nur dann als ausreichend zu betrachten, wenn sie Fleisch enthält.

Keine Frage: Zu einer vielseitigen Ernährung kann durchaus Fleisch gehören. Es sollte nur nicht in großen Mengen verzehrt werden. Zwei bis drei fleischhaltige Mahlzeiten in der Woche genügen, um den Nährstoffbedarf aus Fleisch zu decken. So gehört Fleisch zu den wichtigen Lieferanten von biologisch hochwertigem Eiweiß und den Mineralstoffen Eisen, Zink und Selen. Auch dem Vitaminkonto tut ein Stück Fleisch gut: Es enthält Vitamine der B-Gruppe, insbesondere Vitamin B_1, B_{12} und Niacin.

Die Frage, ob man auch ohne Fleisch gesund leben kann, wird nach wie vor kontrovers diskutiert. Fleisch in Maßen genossen ist sicherlich für viele Menschen nicht gesundheitsschädlich; wer jedoch viel Fleisch isst, greift zwangsläufig seltener zur pflanzlichen Nahrung. Es fehlen dann letztendlich Ballaststoffe, antioxidative Vitamine und sekundäre Pflanzenstoffe, und das könnte sich auf Dauer gesundheitlich nachteilig auswirken.

werden. [...] Man darf das Fleisch nur soviel waschen, als die Reinlichkeit es erfordert, nicht ins Wasser legen, weil dadurch zu viel Kraft verloren geht [...]
Um Fleisch längere Zeit aufzubewahren, ist das Einlegen in Bieressig, Milch oder Buttermilch nicht zu empfehlen, weil es dadurch wichtiger Nährstoffe beraubt wird. Besser ist schon das oberflächliche Anbraten des Fleisches in Butter oder das Eintauchen in kochendes Fett mit nachherigem Aufhängen in Zugluft. Ein gutes Mittel ist alsdann das Eintauchen in eine warme Gallert, die man von den Abfällen, Knochen und Sehnen kocht, entfettet, zur Sirupdicke eindampft, mit 1 g in zwei Löffel Spiritus aufgelöster Salicylsäure versetzt und zum Umhüllen des Fleisches verwendet.

Der Sonntagsbraten selbst konnte auch ein gebratener Hase sein, ein Wildschweinkopf oder Wildschweinbraten, eine gedämpfte Rehschulter oder zahmes und wildes Geflügel. Wir haben uns in diesem Fall für den heute noch aktuellen »Wildschweinsbraten« entschieden.

Wildschweinsbraten

Der Braten von einem überjährigen Wildschwein oder Frischling ist der vorzüglichste. Das Stück wird mit dem Speck und etwas kochendem Wasser aufs Feuer gesetzt, abgeschäumt und folgende Gewürze hineingegeben: Pfeffer, Nelken, Nelkenpfeffer, Zwiebeln, einige Lorbeerblätter, Wacholderbeeren, ¼ l brauner Essig, und nur ein wenig Salz, weil die Brühe durch Einkochen andernfalls zu salzig würde. Ist der Braten gar, so gießt man [...] nach und nach die Kraftbrühe hinzu. Man lässt die Keule je nach dem Alter des Schweines etwa 2–3 Stunden, ein Stück vom Rücken kürzere Zeit braten.

Wissenswertes

Fleisch ist traditionsgemäß ein wichtiger und hochgeschätzter Bestandteil unserer Nahrung. Das liegt nicht nur an dem hohen Gehalt an Nährstoffen, sondern vor allem daran, daß sich Fleisch unglaublich vielseitig zubereiten lässt.
Der Geschmack der Fleischgerichte hängt von der jeweiligen Tierart und dem verwendeten Fleischstück ab, aber auch maßgeblich von der Zubereitungsart wie Braten, Grillen, Schmoren oder Kochen.

Woran erkennt man gute Qualität?

Bei vielen Lebensmitteln gibt es selbst für den Laien eindeutige Kriterien, um Frische und Qualität zu erkennen. Das ist bei Fleisch nicht so. Die Qualität von Fleisch lässt sich mit bloßem Auge nur schwer beurteilen. Vor allem Qualitätsmängel wie wässriges, blasses, zu dunkles, zu weiches oder zu festes Fleisch sind kaum zu bestimmen.
Empfehlenswert sind Supermärkte oder Metzger, wo ein gut einsehbares Schild über die Herkunft des Fleisches Auskunft gibt. Nachfolgend werden einige Tipps zum Fleischeinkauf gegeben.

Frischemerkmale

Auf die Farbe achten:

- Der Anschnitt sollte weder feucht und glänzend noch absolut trocken sein.
- Lammfleisch ist hellrot.
- Kalbfleisch ist rosa bis hellrot.
- Schweinefleisch ist hellrot bis rot.
- Rindfleisch ist dunkelrot.

Auf die Struktur achten:

- Die Struktur wird vom Alter und Geschlecht beeinflusst. Das Fleisch junger Tiere ist feinfaseriger als das älterer Tiere.
- Zartheit hängt vor allem von der Abhängedauer (Reife = die Zeit, die das Fleisch seit dem Schlachten im Kühlhaus hängt) ab. Frisch geschlachtetes Fleisch muss unbedingt – je nach Tierart – mindestens zwei Tage abhängen.

Auf die Marmorierung achten:

- Gut marmoriertes, also mit viel Fettadern durchzogenes Fleisch ist saftiger als mageres. Außerdem ist es geschmacksvoller, denn Fett ist Träger von Aroma- und Geschmacksstoffen.

Hinweise zu Lagerung und Verwendung

- Frisches Fleisch ist ein sehr empfindliches Lebensmittel, das bei falscher Lagerung relativ schnell verdirbt: Da Fleisch einen hohen Wassergehalt hat, finden Bakterien einen hervorragenden Nährboden, wo sie sich besonders bei Zimmertemperatur gut vermehren können. Daher das Fleisch immer im Kühlschrank aufbewahren.
- Damit trockenes (mageres) Fleisch saftiger wird, für die Zubereitung mit Speck spicken oder mit Speckstreifen umwickeln.

- Das Fleisch in einem Behälter mit einem Gitter oder Siebeinsatz lagern, damit austretender Fleischsaft sich darunter sammeln kann. Dadurch liegt das Fleisch trocken und bleibt länger frisch.
- Eine saubere Metzgerei ist auch ein Qualitätskriterium. Im Verkaufsraum sollte es frisch riechen.
- Fleisch lässt sich sehr gut portionsweise einfrieren. Langsam über Nacht im Kühlschrank auftauen lassen. Durch das langsame Auftauen wird der unnötige Fleischsaftverlust vermieden. Angetautes Fleisch nicht wieder einfrieren.

- Grundsätzlich sollte Fleisch schnell verbraucht werden.
- Mögliche Lagerung bei 0–4 °C.
- Rindfleisch höchstens 3–4 Tage im Kühlschrank lagern, Schweine- und Lammfleisch 2–3 Tage, Hackfleisch 1 Tag und zubereitete Speisen 2–3 Tage.
- Das Fleisch muss vor dem Braten trocken sein. Gegebenenfalls mit Küchenkrepp trocken tupfen.
- Das Fleisch erst nach dem Anbraten würzen, sonst verschließen sich die Fleischporen nicht, Fleischsaft tritt heraus und lässt das Fleisch zäh werden.
- Achtung: Geflügelfleisch grundsätzlich durchbraten, da sonst die Gefahr einer Salmonellenvergiftung besteht.
- Garzeiten eines Steaks:
  - roh/very rare/bleu: dünne braune Kruste, innen aber noch roh, gibt auf Fingerdruck nach.
  - blutig (englisch)/rare/saignant: außen braun, darunterliegende Schicht rosa, Kern roh, gibt auf Fingerdruck nur noch in der Mitte nach.
  - rosa/medium/à point: außen braun, innen rosa, gibt auf Fingerdruck kaum noch nach.
  - durchgebraten/well done/bien cuit: außen knusprig braun, innen völlig durchgebraten, gibt auf Fingerdruck nicht mehr nach.
- Den Gargrad ermitteln Sie mit einem Fleischthermometer (Thermometer mit einer längeren Spitze, die ins Fleisch gestochen wird, um die Kerntemperatur des Bratenstücks zu messen):
  - 50–60 °C: im Bratinneren ist das Fleisch noch roh bis rosa.
  - 60–70 °C: leicht rosa.
  - 80 °C: durchgebraten. Salmonellen und andere krankmachende Mikroben werden bei dieser Temperatur abgetötet.

Was ist was?

Rind:
- Rumpsteak: ein Filetstück aus dem Rücken
- Roastbeef: die Lende oder ein Teil des Rückenstücks
- Schmorbraten: ein Stück aus der Keule, der Brust oder der Schulter
- Tafelspitz: ein Teilstück aus der Hüfte (spitz zulaufend)
- Gulasch: aus der Schulter oder dem Nacken
- Suppenfleisch: aus der hohen Rippe oder der Beinscheibe
- Rouladen: Fleisch aus der Oberschale

Schwein:
- Steaks: aus dem Nackenstück oder Rücken
- Schnitzel: aus der Oberschale oder aus dem Rücken
- Kotelett: aus dem Rücken
- Braten: aus der Schulter, dem Nacken, der Keule oder dem Rücken
- Gulasch: aus der Schulter oder der Keule
- Suppenfleisch: aus dem Bauch oder dem Nacken
- Kasseler: ein gepökeltes Stück vom Schwein
- Eisbein: aus dem Bein

Lamm:
- Braten: aus der Keule, dem Rücken oder der Schulter
- Kotelett: aus dem Rücken

Mett:
- Durch den Fleischwolf gedrehtes Fleisch, egal welche Sorte; auch gemischtes Fleisch

Paniertes Schnitzel

Zutaten (für 4 Personen)

250 g Paniermehl
2 EL Mehl
2 Eier
2 EL Milch
4 Schweineschnitzel
Salz, Pfeffer, Paprika
30 g Butterschmalz

Küchenutensilien

Kochmesser, Fleischklopfer
oder Plattiereisen, Schneidbrett,
große Pfanne, 3 große Teller,
Waage

Zubereitung

1 | Das Paniermehl, das Mehl und die Eier auf je einem großen Teller verteilen.

2 | Die Eier mit der Milch verquirlen.

3 | Die Schnitzel mit Salz, Pfeffer und Paprika würzen und auf dem Brett mit dem Fleischklopfer schön dünn klopfen.

4 | Danach erst im Mehl, dann in den Eiern und zum Schluss im Paniermehl wälzen.

5 | Die Pfanne mit dem Fett heiß werden lassen. Erst wenn das Fett richtig heiß ist, die Schnitzel hineinlegen. Von jeder Seite schön braun anbraten, das dauert pro Seite etwa 2 Minuten.

6 | Dann die Schnitzel vom Herd nehmen und zugedeckt noch etwa 5 Minuten ruhen lassen. Mit einer Zitronenspalte servieren.

Tipps und Tricks

- Ob Fett richtig heiß ist, erkennt man daran, dass an einem hineingehaltenen Holzlöffel das Fett kleine Blasen schlägt.
- Das Fleisch zum Klopfen in einen Gefrierbeutel legen, so spritzt nichts, und der Fleischklopfer bleibt sauber.
- Die Schnitzel beim Fleischer schon dünn zurechtschneiden lassen.
- Wer mehr Schnitzel zubereiten möchte, kann sich eine Gewürzmischung aus Salz, Pfeffer und Paprika herstellen (3:1:1), das spart eine Menge Zeit, und die Gewürzgefäße bleiben sauber.
- Wenn die Schnitzel einen dickeren Rand haben, diesen etwas einschneiden, dann kann man die Schnitzel besser dünn klopfen.
- Zu den Schnitzeln passen sehr gut ein Kartoffel- oder Nudelsalat (z. B. Nudelsalat mit Rauke), oder auch die Ofenkartoffeln (siehe Seite 72 und 61).

Eisbein mit Sauerkraut

Zutaten (für 4 Personen)

für das Eisbein:
4 Eisbeine
5 l Gemüsebrühe
2 Zwiebeln
2 Lorbeerblätter
6 Wacholderbeeren
4 Pimentkörner

für das Sauerkraut:
1 kleine Zwiebel
500 g Sauerkraut
1/2 l Brühe
1/4 TL Salz
1–2 TL Zucker
Prise Pfeffer
2 Wacholderbeeren
1 Lorbeerblatt
3 Pimentkörner
50 g durchwachsener Speck in
Würfeln

Küchenutensilien

großer Topf (mind. 8 l),
Schneidbrett, Kochmesser,
Messbecher, Rührlöffel,
Teeei oder Teefilter,
kleinerer Topf

Zubereitung

1 | Die Eisbeine mit 5 l Gemüsebrühe, den 2 geschälten Zwiebeln und den Gewürzen etwa 70 Minuten gar kochen.

2 | Inzwischen die Zwiebel für das Sauerkraut klein hacken.

3 | Das Sauerkraut mit der Brühe, den Gewürzen und der gehackten Zwiebel aufkochen. Dabei werden Lorbeerblätter, Wacholderbeeren und Pimentkörner in ein Teeei oder einen Teefilter gegeben, um sie nach dem Kochen wieder leicht entfernen zu können. Das Sauerkraut 15 Minuten bei mittlerer Hitze köcheln lassen.

4 | In der Zwischenzeit die Speckwürfel anbraten und nach der Kochzeit zum Sauerkraut dazugeben. Gegebenenfalls mit Zucker abschmecken und Gewürze entfernen.

5 | Das fertige Eisbein auf das Sauerkraut legen. Topf verschließen und durchziehen lassen.

Tipps und Tricks
- Anstatt der Eisbeine können auch Kasselerscheiben genommen werden. Dazu legt man die Kasselerscheiben für 20 Minuten in das Sauerkraut und lässt alles zusammen bei niedriger Hitze köcheln.
- Für die fettarme Variante können auch Kasselerlachsscheiben genommen werden.
- Als Beilage Salzkartoffeln oder Kartoffelpüree und Senf servieren.
- Das klassische Getränk dazu ist Bier.
- Eine beliebte Variante ist Eisbein mit Sauerkraut und Erbspürree.

Grünkohl mit Kasseler und Mettenden

Zutaten (für 4 Personen)

1,5 kg frischen Grünkohl
3 Zwiebeln
3 EL Schmalz
5 Mettenden (geräucherte Wurst)
Salz, Pfeffer
300–400 g Kasselernacken
2 TL Senf

Küchenutensilien

Kochmesser, Schneidbrett,
Gefrierbeutel, großer Topf
(mind. 6 l), großes Sieb

Zubereitung

1 | Den Grünkohl in einem Sieb waschen, in mundgerechte Stücke rupfen, die Strünke entfernen, in Gefrierbeutel geben und für mindestens 2 Stunden einfrieren. Danach den Grünkohl aus dem Gefrierschrank nehmen.

2 | Die Zwiebeln klein schneiden. 1 EL Schmalz in den Topf geben und schmelzen lassen, die Zwiebeln anschwitzen und den Grünkohl in den Topf geben. Nach und nach ein bisschen Wasser dazugeben, damit der Kohl nicht anbrennt.

3 | 1 Mettende in kleine Stücke schneiden und zu dem Grünkohl geben. Diese gibt dem Kohl einen angenehmen Rauchgeschmack. Die Stücke so groß lassen, dass sie problemlos entfernt werden können, denn die Wurst schmeckt nach dem Auskochen nicht mehr.

4 | Salz und Pfeffer und noch 2 EL Schmalz zu dem Kohl geben. Den Kohl etwa 30 Minuten schmoren lassen und dann das Kasseler in einem Stück dazugeben, so bleibt es schön saftig.

5 | Das Ganze nochmals 30 Minuten schmoren und mit Salz, Pfeffer und Senf abschmecken. Die restlichen Mettenden erst 10 Minuten vor Ende der Garzeit hinzugeben.

Tipps und Tricks
- Dazu passen Salzkartoffeln und ein kühles Bier.
- Statt mit Kasseler und Mettenden wird der Grünkohl auch traditionell mit Bregenwurst und Bauchfleisch zubereitet.
- Die Zubereitung ist die gleiche, nur das Fleisch wird ausgetauscht.
- Das Einfrieren des Grünkohls dient dazu, die Bitterstoffe aus dem Kohl zu holen. Normalerweise wurde der Kohl früher erst nach dem ersten Frost geerntet, damit er nicht bitter schmeckt. Da er aber heutzutage eher geerntet wird, sollte er kurz eingefroren werden.

Schweinebraten

Zutaten *(für 4–6 Personen)*

1 kg Schweinebraten
2 Zwiebeln
1 Mohrrübe
2 EL Butterschmalz
je 2 TL Salz, Pfeffer, Paprika
2 Knoblauchzehen (gepresst)
1/2 l Wasser
für die Soße:
4 EL dunkler Soßenbinder
50 ml Sahne oder saure Sahne

Küchenutensilien

Bratentopf mit Deckel, Messer,
Schneidbrett, Knoblauchpresse,
Gemüseschäler, Messbecher,
Alufolie, Sieb, Schöpfkelle,
Schneebesen, Auflaufform oder
Servierplatte, Soßentopf

Zubereitung

1 | Das Fleisch mit kaltem Wasser abspülen und mit Küchenpapier abtrocknen.

2 | Die Zwiebeln pellen, die Mohrrübe schälen und klein schneiden.

3 | Das Butterschmalz im Bratentopf erhitzen, das Fett muss richtig heiß sein. Den Braten darin von allen Seiten braun anbraten, dann das Fleisch rundherum mit Salz, Pfeffer und Paprika in der angegebenen Menge würzen.

4 | Das Gemüse und den Knoblauch dazugeben und kurz mitrösten, dann mit kaltem Wasser ablöschen, damit sich der Bratensatz löst. Den Bratentopf mit dem Deckel verschließen und das Bratgut im Backofen 45 Minuten bei 180 °C schmoren lassen. Zwischendurch einmal wenden.

5 | Den Braten nach der Garzeit herausnehmen, mit Alufolie abdecken und bei 100 °C im Ofen warm stellen.

6 | Mit der Kelle das weiche Gemüse aus dem Bratenfond herausschöpfen und den Fond durch ein Sieb streichen, die Gemüsereste entsorgen. Bratenfond mit Soßenbinder abbinden und aufkochen lassen. Abschmecken und mit etwa 50 ml Sahne oder saurer Sahne verfeinern.

7 | Den Braten mit einem scharfen Messer aufschneiden.

Tipps und Tricks
- Die Garzeit kann um 10 Minuten variieren.
- Das Fleisch vor dem Aufschneiden etwas ruhen lassen. Dann zieht sich der Fleischsaft im Braten zusammen und läuft beim Schneiden nicht heraus.
- Roter Bratensaft bedeutet, dass das Fleisch noch nicht durchgegart ist.
- Die Bratensoße kann durch Zugabe von Senf verfeinert werden.
- Als Braten eignen sich der Nacken oder das Schinkenstück vom Schwein.

Jägergulasch

Zutaten (für 6 Personen)

1 EL Butterschmalz
1300 g Schweinegulasch
6 große Zwiebeln
800 g gemischte frische Pilze
Salz, Pfeffer, Paprika zum Würzen
2 Knoblauchzehen (gepresst)
1 EL Tomatenmark
1 l Fleischbrühe
1 TL Bärlauch, gerebelt
200 ml Sahne
6 EL Soßenbinder

Küchenutensilien

großer Kochtopf, Schneidbrett,
Schälmesser, Kochmesser,
Knoblauchpresse, Messbecher,
Backpinsel, Rührlöffel

Zubereitung

1 | Das Fleisch in mundgerechte Stücke schneiden.
2 | Die Zwiebeln pellen und in kleine Würfel schneiden. Die Pilze putzen und klein schneiden.
3 | Das Butterschmalz in den Kochtopf geben und erhitzen. Das Fleisch darin braun anbraten.
4 | Die Zwiebelwürfel und die Pilze dazugeben und mit anrösten.
5 | Salz, Pfeffer, Paprikapulver, gepresster Knoblauch und Tomatenmark dazugeben, verrühren und kurz mit anbraten.
6 | Die Brühe und den Bärlauch dazugeben. Bei mittlerer Hitze etwa 45 Minuten kochen lassen und zwischendurch umrühren.
7 | Garprobe: Ein Fleischstück probieren, ob es weich ist. Ist das Fleisch gar, die Sahne dazugeben und die Soße mit Salz und Pfeffer etwas abschmecken. Mit dem Soßenbinder das Gulasch andicken.

Tipps und Tricks
- Das Fleisch kann bereits im Fachgeschäft in mundgerechte Stücke geschnitten werden, das spart Zeit.
- Die Soße kann mit etwas Rotwein abgeschmeckt werden.
- Das Gulasch kann auch vom Rind oder halb und halb (Rind und Schwein) genommen werden, dabei kann die Garzeit variieren.
- Gemischte Pilze oder nur frische Champignons nehmen.
- Nudeln, Spätzle, Kartoffeln oder Kartoffelknödel passen als Beilage.
- Als Getränk passt ein kräftiger Rotwein.

Tafelspitz

Zutaten *(für 4–6 Personen)*

1 kg Tafelspitz oder Rinderhüfte
2 Rindermarkknochen
3 l Wasser
2 TL Salz
1 große Zwiebel
2 große Möhren
250 g Knollensellerie
1 Lorbeerblatt
3 Gewürznelken
1 TL schwarze Pfefferkörner

Küchenutensilien

großer Kochtopf, Schneidbrett, kleines Messer, Tranchiermesser, Fleischgabel, Gemüsemesser, Schaumkelle, Servierplatte oder Auflaufform

Zubereitung

1 | Das Fleisch und die Rinderknochen mit kaltem Wasser abspülen.

2 | Etwa 3 l Wasser mit dem Salz zum Kochen bringen, Fleisch und Knochen hineingeben. Etwa 45 Minuten leicht sprudelnd kochen lassen und den Schaum abschöpfen. Die Temperatur herunterschalten und nur noch leicht kochen lassen.

3 | Das Gemüse putzen, das Lorbeerblatt und die Nelken in die Zwiebel stecken. Nach etwa 1½ Stunden Kochzeit das Gemüse (im Ganzen) und die Gewürze dazugeben und noch etwa 30–45 Minuten kochen lassen.

4 | Den Tafelspitz aufschneiden und auf eine vorgewärmte flache Auflaufform oder Servierplatte legen. Mit etwas heißer Brühe beträufeln. Das mitgekochte Gemüse mit einem Gemüsemesser in Scheiben schneiden und zum Fleisch legen.

Tipps und Tricks

- Der Tafelspitz ist ein Stück Fleisch aus der Rinderbrust oder -hüfte. Wenn Fleisch aus der Hüfte verwendet wird, dann unbedingt mit Fettrand!
- Die Garzeiten können etwas abweichen. Ein Fleischthermometer hilft, den Garpunkt zu ermitteln.
- Zum Servieren immer etwas Brühe über das Fleisch gießen, damit es nicht auskühlt und nicht austrocknet.
- Wer auf die Markknochen verzichten will, nimmt 4 EL gekörnte Rinderbrühe.
- Langsam kochen lassen (mittlere Temperatur), denn die Brühe wird grau, wenn sie zu brodelnd kocht.
- Zum Tafelspitz passt Sahnemeerrettich oder eine helle Grundsoße mit Meerrettich verfeinert.
- Salzkartoffeln oder Bouillonkartoffeln passen ebenfalls dazu (Bouillonkartoffeln sind Kartoffelwürfel, die mit fein geschnittenem Suppengrün in Brühe gekocht werden).
- Herzhafte Variationen: Frankfurter grüne Soße (siehe Seite 158) oder Bratkartoffeln (siehe Seite 52).

Rinderrouladen

Zutaten *(für 10 Personen)*

10 Rinderrouladen
3 mittlere Zwiebeln
3 große Tomaten
Salz, Pfeffer, Senf, Ketchup
300 g Frühstücksspeck in
dünnen Scheiben
1 Glas Gewürzgurken (Cornichons)
2 EL Öl zum Anbraten
250 ml Rinderfond
500 ml Gemüsebrühe
2 EL saure Sahne
3 EL dunkler Soßenbinder
1 EL Ketchup (für die Soße)
1 TL Senf (für die Soße)

Küchenutensilien

2 Bräter (oder 1 Bräter für
10 Rouladen), mind. 20
Rouladennadeln,
Frühstücksmesser (damit ist
ein normales Messer des
Essbesteckes gemeint),
Kochmesser, Küchenzange,
großes Schneidbrett,
Messbecher, Schneebesen

Zubereitung

1 | Die Rouladen abspülen und trocken tupfen, auf das Schneidbrett legen. Wenn die Rouladen nicht dünn genug sind, mit der glatten Seite des Fleischklopfers dünner klopfen.

2 | Die Zwiebeln und die Tomaten in dicke Scheiben (etwa 5 mm) schneiden.

3 | Eine Roulade salzen, pfeffern und mit Senf und Ketchup bestreichen. 2 Scheiben Speck darauflegen und am schmaleren Ende eine Zwiebelscheibe, eine Tomatenscheibe und eine Gurke aufschichten und die Roulade fest einrollen. Mit 2 Rouladennadeln die offenen Enden verschließen. Mit allen Rouladen so verfahren.

4 | Den Backofen auf 200 °C vorheizen.

5 | Inzwischen auf der Herdplatte 2 EL Öl im Bräter erhitzen und die Rouladen scharf von jeder Seite anbraten, eventuell noch etwas Öl dazugeben. Mit dem Rinderfond vorsichtig umgehen und immer nach und nach ablöschen.

6 | Wenn die Rouladen braun sind, herausnehmen, mit Gemüsebrühe aufgießen und den Bratensatz lösen.

7 | Den Bräter von der Platte nehmen und mit einem Schneebesen die saure Sahne einrühren, dabei kräftig und lange rühren, sonst flockt die saure Sahne aus. Den Bräter wieder auf die heiße Herdplatte setzen, Soßenbinder einrühren und aufkochen lassen, Ketchup und Senf unterrühren, abschmecken und eventuell mit Salz und Pfeffer nachwürzen.

8 | Die Rouladen wieder in die Soße geben, den Bräter zudecken, für etwa 1 Stunde in den Backofen schieben und schmoren lassen.

Tipps und Tricks
- Falls der Bräter nicht beschichtet ist, braucht man zum Anbraten mehr Fett.
- Holt man die Rouladen vom Metzger und lässt sie gleich dünn schneiden, kann man sich das Klopfen sparen.
- Nur die glatte Seite vom Fleischklopfer nehmen, die gezackte Seite würde die Fleischfasern zerstören.
- Statt der Rouladennadeln kann man auch Zahnstocher oder Wurstgarn verwenden.
- Dazu passen Salzkartoffeln oder Kartoffelklöße mit Rotkohl.

Rinderschmorbraten

Zutaten (für 6 Personen)

1 Bund Suppengrün
3 mittlere rote Zwiebeln
100 g Petersilienwurzeln
6 Wacholderbeeren
1,5 kg Schmorfleisch vom Rind
Salz, Pfeffer
50 g durchwachsener Speck
700 ml Rinderbrühe
200 ml trockener Rotwein
150 g saure Sahne
2 EL Preiselbeergelee
3 EL dunkler Soßenbinder

Küchenutensilien

Bräter, Messbecher, Küchenzange,
Mörser, Sieb, Kochmesser,
Schneidbrett, große Kelle,
Schälmesser, Schneebesen

Zubereitung

1 | Das Suppengrün, die Zwiebeln und die Petersilienwurzeln putzen und klein schneiden.

2 | Die Wacholderbeeren im Mörser zerstoßen und aus Salz, Pfeffer und den zerstoßenen Wacholderbeeren eine Gewürzmischung herstellen.

3 | Mit dieser Gewürzmischung das Fleisch einreiben.

4 | Den Speck klein schneiden und im Bräter auslassen. Wenn der Bräter richtig heiß und der Speck ausgelassen ist, das Schmorfleisch rundherum kräftig anbraten.

5 | Das klein geschnittene Gemüse dazugeben und mit dem Fleisch anrösten. Abwechselnd mit Brühe und Rotwein ablöschen.

6 | Den Ofen auf 200 °C vorheizen, die restliche Brühe und den Rotwein hinzugeben, den Bräter abgedeckt für 2½ Stunden in den Ofen schieben. Danach den Bräter aus dem Ofen holen, Fleisch herausnehmen und beiseitestellen.

7 | Mit der Kelle das weiche Gemüse in ein Sieb geben und durchstreichen, die Reste wegwerfen. Die Soße mit 150 g saurer Sahne und 2 EL Preiselbeergelee glatt rühren. Den Soßenbinder einrühren und aufkochen lassen, das Fleisch in die Soße geben, Herd ausschalten und das Fleisch etwa ½ Stunde in der Soße ruhen lassen.

Tipps und Tricks
- Die Gewürzmischung richtig in das Fleisch einmassieren, das gibt einen besseren Geschmack.
- Der Bräter muss richtig heiß sein, damit sich die Poren schnell schließen und das Fleisch schön saftig bleibt.
- Wenn das ausgelassene Fett nicht ausreicht, nimmt man noch einen Esslöffel Butterschmalz hinzu.
- Als Schmorfleisch nimmt man am Besten ein Stück aus der Rinderkeule.
- Dazu passen Klöße oder Salzkartoffeln und ein kräftiger Rotwein.

Leichte Frikadellen

Zutaten *(für 4 Personen)*

1 kleine Zwiebel
250 g Tatar
1 Ei
100 g fettarmer Kräuterfrischkäse
1 TL Senf
1 TL Ketchup
Salz, Pfeffer
5 EL oder 70 g Paniermehl für
die Fleischmasse
eine Handvoll Paniermehl zum
Panieren
2 EL Öl für die Pfanne

Küchenutensilien

Küchenmesser, mittlere Schüssel,
große (28 cm) beschichtete
Pfanne, Schneidbrett, großer Teller
für Paniermehl, Gabel zum
Wenden, Waage

Zubereitung

1 | Die Zwiebel sehr fein hacken.
2 | Alle Zutaten bis auf das Paniermehl in die Schüssel geben und mit einer Gabel zu einer homogenen Masse verrühren.
3 | Das Paniermehl hinzufügen und mit sauberen Händen die Masse durchkneten.
4 | Das Öl in der Pfanne erhitzen. Inzwischen die Fleischmasse zu Frikadellen verarbeiten und die Frikadellen von beiden Seiten ins Paniermehl drücken. In der Pfanne auf jeder Seite schön braun anbraten (etwa 2 Minuten auf jeder Seite).

Tipps und Tricks
- Die Frikadellen schön flach drücken, dann braten sie schneller durch und brauchen nicht so viel Fett.
- Wenn man die Frikadellen paniert, bekommen sie eine gleichmäßige schöne Kruste und trocknen nicht aus.
- Die Hände vor dem Frikadellendrehen mit ein paar Tropfen Öl einreiben, dann klebt das Mett nicht an.

Schmorkohl

Zutaten (für 4 Personen)

500 g Mett
1 kleine Zwiebel
200 g Kräuterfrischkäse
1 Ei
Salz, Pfeffer
2 TL Senf
2 TL Ketchup
6 EL Paniermehl
2 EL Öl
1 Spitzkohl oder 1/2 Weißkohl
4 EL Butterschmalz
1,3 l Gemüsebrühe
Pfeffer
5 EL dunkler Soßenbinder
1 EL saure Sahne

Küchenutensilien

1 Bräter oder großen Kochtopf,
mittlere Schüssel, großes
Schneidbrett, Kochmesser,
Kochlöffel, große beschichtete
Pfanne, Messbecher

Zubereitung

1 | In der mittleren Schüssel das Mett mit der klein geschnittenen Zwiebel, dem Frischkäse, Ei, Salz, Pfeffer, Senf und Ketchup vermengen. Das Paniermehl dazugeben und mit unterkneten.

2 | So viele Klopse formen, wie das Mett hergibt, die Größe ist egal.

3 | Die Klopse in der Pfanne mit 2 EL Butterschmalz von allen Seiten anbraten und beiseitestellen.

4 | Den Spitzkohl der Länge nach halbieren und dann vierteln, die äußeren Blätter und den Strunk entfernen. Den Kohl klein schneiden. Im Bräter das restliche Butterschmalz erhitzen, dann den Kohl anschwitzen. Ein wenig Gemüsebrühe und Pfeffer hinzufügen und immer schön durchrühren, damit nichts anbrennt.

5 | Nach und nach von der Gemüsebrühe dazu gießen, durchrühren und schmoren lassen. Nach etwa 15–20 Minuten sollte der Kohl braun und schön weich sein.

6 | Die restliche Brühe dazugießen, den Soßenbinder einrühren und aufkochen lassen.

7 | Die Temperatur herunterschalten und die saure Sahne einrühren, die Klopse dazugeben. Alles noch mal gut durchziehen lassen und servieren.

Tipps und Tricks
- Nimmt man Weißkohl statt Spitzkohl, braucht der Kohl länger, um weich zu werden.
- Es kann auch jede andere Pfanne zum Anbraten der Klopse genommen werden, man braucht aber eventuell mehr Fett.
- Wer Kohl nicht so gut verträgt, kann auch 1 TL Kümmelkörner an den Kohl geben, das macht ihn bekömmlicher. Wer keine Kümmelkörner im Essen mag, kann sie in ein Teeei oder Teefilter tun und nach dem Schmoren wieder herausnehmen.
- Dazu passen Salzkartoffeln.

Königsberger Klopse

Zutaten (für 4 Personen)

1/2 altbackenes Brötchen
1 Zwiebel
500 g Mett
3 Eier
Salz, Pfeffer
2 TL Senf
6 EL Paniermehl
2 l Gemüsebrühe
1/4 l Weißwein
50 g Margarine oder Butter
50 g Mehl
50 g Kapern
1/2 Zitrone
2 TL Zucker

Küchenutensilien

Gemüsemesser, Schneidbrett,
Schüssel für Mett, großer Topf
(mind. 6 l), große tiefe Pfanne
oder Bratentopf, Kelle, Rührlöffel,
Schneebesen, große Tasse oder
kleine Schüssel, Zitronenpresse

Zubereitung

1 | Das Brötchen in Wasser einweichen. Inzwischen die Zwiebel fein schneiden.

2 | Das Mett mit der Zwiebel, 2 Eiern, dem ausgedrückten Brötchen, Salz, Pfeffer, Senf und dem Paniermehl zu einer homogenen Masse verarbeiten. Abschmecken und kleine Klopse formen (etwa 3–4 cm im Durchmesser)

3 | Die Gemüsebrühe zusammen mit dem Weißwein im großen Topf aufkochen lassen, die Klopse dazugeben und bei kleiner Hitze 15 Minuten ziehen lassen (nicht mehr kochen).

4 | Das Fett in der Pfanne oder im Bratentopf schmelzen und das Mehl unterrühren, das Mehl langsam bei kleiner Hitze anschwitzen (etwa 10 Minuten), damit der Mehlgeschmack herausgeht und das Mehl hell bleibt. Mit einer Kelle langsam und immer wieder die Brühe in die Mehlschwitze rühren, bis eine sämige Soße entsteht. Falls Brühe übrig bleibt, aufheben, denn die Soße könnte nachdicken. Falls zuwenig Brühe da ist, kann man auch mit Wein oder Wasser verdünnen.

5 | Die Soße mit Salz, Kapern, Zitronensaft und Zucker abschmecken, eventuell auch den Kapernsaft verwenden.

6 | Die Soße und die Klopse in einem Topf zusammengießen.

7 | Die Königsberger Klopse mit einem Ei legieren. Dazu ein Ei in einer kleinen Schüssel verquirlen und ganz vorsichtig etwas Soße dazurühren, immer wieder ein bisschen Soße unterrühren. Dann die Mischung in die Königsberger Klopse geben und umrühren, aber nicht mehr kochen lassen.

Tipps und Tricks

- Wer mag, kann die Soße auch mit 100 ml Sahne verfeinern.
- Der Weißwein kann auch weggelassen oder durch Brühe ersetzt werden.
- Ist die Soße zu dünn geraten, nehmen Sie etwas hellen Soßenbinder und lassen Sie die Soße aufkochen, aber vor dem Legieren, sonst gerinnt das Ei!
- Dazu passen Salzkartoffel und ein trockener Weißwein.

Schmorgurken

Zutaten (für 4 Personen)

500 g Hähnchenbrust im Stück
3 EL Olivenöl
2 Zwiebeln
5 Fleischtomaten
100 ml Tomatenmark
500 ml Gemüsebrühe
5 Landschmorgurken (auch
Salatgurken)
Salz, Pfeffer
1 Bund Kräuter (Schnittlauch,
Petersilie, Dill)
3 EL heller Soßenbinder

Küchenutensilien

Schmortopf oder Bräter,
Gemüsemesser, Schneidbrett,
Kochmesser, Teelöffel,
Messbecher

Zubereitung

1 | Die Hähnchenbrust in Würfel schneiden (2 x 2 cm) und im Olivenöl kurz anbraten. Die Zwiebeln pellen und würfeln, dazugeben, ebenfalls nur kurz anbraten. Die Fleischtomaten einritzen, überbrühen und abschälen, in kleine Stücke schneiden und mit dem Tomatenmark unterrühren und mit anrösten. Zwischendurch immer mal wieder mit etwas Gemüsebrühe ablöschen.

2 | Die Gurken abwaschen, abschälen und der Länge nach halbieren. Das Kerngehäuse mit einem Teelöffel entfernen und in etwa 1,5 cm breite Streifen schneiden. Die geschnittenen Gurkenstreifen in den Topf dazugeben und unterheben.

3 | Mit der restlichen Gemüsebrühe aufgießen und mit ein wenig Salz und Pfeffer abschmecken. Die Kräuter waschen, hacken und einstreuen.

4 | Zum Schluss noch mit etwas Soßenbinder eine sämige Soße herstellen und mit frischer Petersilie garnieren.

Tipps und Tricks
- Die Kräuter können auch variieren; wichtig ist, dass Dill dabei ist.
- Wenn es mal schnell gehen soll, kann auch auf Tiefkühlkräuter zurückgegriffen werden.
- Wer keinen Soßenbinder hat, kann auch einen gehäuften Esslöffel Mehl mit etwas Wasser klümpchenfrei anrühren, in die Soße geben und aufkochen.
- Die Landschmorgurken können auch durch 2–3 Salatgurken (je nach Größe) ersetzt werden.
- Traditionell werden Schmorgurken mit Mett serviert, dazu werden statt des Hähnchenbrustfilets 500 g Mett angebraten.

Hühnerfrikassee

Zutaten (für 6–8 Personen)

5 l Wasser
3 EL Salz
1/2 Knolle Sellerie
2 große Möhren
1 Stange Porree
1 Suppenhuhn
600 g Hähnchenbrustfilet
300 g Spargel
150 g Butterschmalz
150 g Mehl
1 Glas Kapern (100 g)
100 ml Weißwein
2 Zitronen
5 TL Zucker
Salz
1 große Dose Champignons
3 Eier

Küchenutensilien

2 große Töpfe (mind. 8 l und 10 l),
Schneidbrett, Kochmesser,
Gemüsemesser, kleiner Topf,
Rührlöffel, Messbecher,
Zitronenpresse, Kelle

Zubereitung

1 | Das Wasser mit dem Salz im größeren Topf zum Kochen bringen, inzwischen den Sellerie, die Möhren und den Porree putzen und das Suppenhuhn abspülen. Wenn das Wasser kocht, Huhn und Suppengemüse in den Topf geben und etwa 2 Stunden kochen lassen.

2 | Das Hähnchenbrustfilet für 15 Minuten in die Brühe geben und mitkochen lassen, herausnehmen, abkühlen lassen und klein schneiden.

3 | Das Suppenhuhn nach der Kochzeit aus der Flüssigkeit nehmen, abkühlen lassen und das verwertbare Fleisch klein schneiden. Die Brühe durch ein feines Sieb geben und klären.

4 | Den Spargel putzen, in kleine Stücke schneiden und 15 Minuten kochen, mit der Schaumkelle herausnehmen und beiseitestellen.

5 | Im kleineren Topf Butterschmalz erhitzen und das Mehl einrühren. Auf mittlerer Hitze schmelzen, sonst werden Fett und Mehl zu dunkel. Das Mehl unter ständigem Rühren mindestens 5 Minuten anschwitzen und dann vorsichtig Kelle für Kelle unter ständigem Rühren die Hühnerbrühe hinzugeben, bis die Frikasseesoße die gewünschte Konsistenz erreicht hat.

6 | Die Kapern mit dem Sud und dem Weißwein in das Frikassee geben und mit Zitrone und Zucker abschmecken, etwas Salz hinzufügen. Die restlichen Zutaten in das Frikassee geben.

7 | 3 Eier in einer kleineren Schüssel verrühren und ganz vorsichtig eine kleine Menge des Frikassees hinzufügen, dabei die Eier immer weiter rühren. Nach und nach immer mehr Soße in die Eier geben und dabei rühren, bis Eier und Frikassee ungefähr die gleiche Temperatur erreicht haben, dann die Eier-Frikassee-Mischung in das Frikassee geben.

8 | Achtung: Das Frikassee dann nicht mehr kochen, sonst gerinnen die Eier!

Tipps und Tricks
- Statt der aufwendigen Hühnerbrühe können auch 2 Gläser Geflügelfond genommen werden, statt des Suppenhuhns 400 g Hähnchenbrustfilet.
- Das Hähnchenbrustfilet in dem Geflügelfond 15 Minuten kochen und mit der Mehlschwitze wie oben angegeben weitermachen.

Hähnchenbrust auf Schmorgemüse

Zutaten *(für 4 Personen)*

1 kleine Zucchini
1 Zwiebel
1 Stange Lauch
200 g frische Champignons
1 EL Butterschmalz
2 Knoblauchzehen
250 ml Hühnerbrühe
200 ml Sahne
2 EL heller Soßenbinder
500 g Hähnchenbrust
2 TL Butterschmalz
Salz, Pfeffer, Paprika
10 Cocktailtomaten
1 EL gehackte Petersilie

Küchenutensilien

1 Kochtopf, 1 Pfanne,
Schneidbrett, Kochmesser,
Küchenpapier, Küchenpinsel,
Messbecher, Knoblauchpresse,
Auflaufform

Zubereitung

1 | Das Gemüse putzen und klein schneiden, vom Lauch nur das Weiße und das Hellgrüne nehmen, das andere Grün ist zu bitter. Dann in der Pfanne alles mit Butterschmalz anbraten, mit Salz und Pfeffer würzen und den gepressten Knoblauch dazugeben.

2 | Mit der Hühnerbrühe ablöschen und 5 Minuten leicht kochen lassen. Die Sahne dazugeben, aufkochen und mit dem Soßenbinder abbinden.

3 | Das Schmorgemüse in eine Auflaufform geben und im Backofen bei 100 °C warm halten.

4 | Das Fleisch mit kaltem Wasser abspülen und trocken tupfen. Die Hähnchenbrüste in 2 oder 3 Stücke teilen und in der Pfanne mit dem restlichen Butterschmalz anbraten. Erst nach dem Anbraten mit Salz, Pfeffer und Paprika etwas würzen. Das gebratene Fleisch auf das Schmorgemüse legen.

5 | Die Cocktailtomaten halbieren, auf das Fleisch legen und frisch gehackte Petersilie darüber streuen.

Tipps und Tricks

- Dazu werden Bandnudeln und ein kühler, trockener Weißwein empfohlen.
- Anstatt Hähnchenbrust können auch Putenbrust oder kleine gebratene Frikadellen serviert werden.
- Das Fleisch erst nach dem Anbraten würzen, weil Salz Wasser zieht, d. h. in der Pfanne tritt Wasser aus. Paprika verbrennt bei hohen Temperaturen und wird bitter.
- Die Champignons nur abbürsten, Pilze saugen sich sonst voll Wasser, das beim Braten wieder austritt und das Gemüse wässrig macht.

Sauerkrautapfelauflauf

Zutaten *(für 4 Personen)*

2 Zwiebeln
150 g Frühstücksspeck
1 EL Butter
750 g Sauerkraut
2 TL Majoran, gerebelt
250 ml Gemüsebrühe
5 Wacholderbeeren
300 g Äpfel
750 g mehlig kochende Kartoffeln
1/2 TL Salz
200 ml Buttermilch
Salz, Pfeffer, Muskat
1 EL Butter zum Fetten der Form
150 g Gouda, gerieben

Küchenutensilien

Messer, Schneidbrett, große Pfanne,
Kochtopf, Pürierstab oder
Kartoffelstampfer, große Auflauf-
form, Messbecher, Waage, Teeei

Zubereitung

1 | Die Kartoffeln schälen, waschen und würfeln und etwa 15 Minuten in Salzwasser garen.

2 | Inzwischen die Zwiebeln abziehen und hacken.

3 | Den Speck in Streifen schneiden und 50 g Speck in der Pfanne auslassen, dann die Zwiebeln und das Sauerkraut mit 1 EL Butter darin andünsten.

4 | 1 TL Majoran mit der Brühe und den zerstoßenen Wacholderbeeren, die in einen Teebeutel oder ein Teeei gefüllt werden, ebenfalls in die Pfanne geben und etwa 20 Minuten garen.

5 | Inzwischen die Äpfel schälen, vierteln, entkernen, in kleine Stücke schneiden und 10 Minuten vor Ende der Garzeit hinzufügen.

6 | Die Kartoffeln abgießen, pürieren, Buttermilch hinzufügen, mit Salz, Pfeffer, dem restlichem Majoran und Muskat würzen. Das Püree in eine gefettete Auflaufform geben, das Sauerkraut auf das Püree füllen und die restlichen Speckscheiben auf dem Auflauf verteilen.

7 | Im vorgeheizten Ofen 10 Minuten bei 175 °C backen, dann den Käse darüber streuen und weitere 20 Minuten backen.

Tipps und Tricks

- Die zerstoßenen Wacholderbeeren möglichst immer in einem Teefilter oder Teeei mitgaren, dann können sie anschließend wieder einfach entfernt werden. Alternativ kann man die Wacholderbeeren im Mörser zerstampfen, dann beißt man nicht unangenehm darauf.
- Für einen vegetarischen Auflauf hackt man eine Zwiebel mehr, bräunt diese in Butter an und gibt die Zwiebel-Butter-Mischung statt des Specks auf das Sauerkraut.

Hähnchenbrust mit Basilikumfüllung

Zutaten *(für 4 Personen)*

4 Hähnchenbrustfilets
30g Pinienkerne
1 Topf Basilikum
2 Knoblauchzehen
Salz, Pfeffer
1 EL Parmesan
2 EL Olivenöl
1 kg Tomaten
2 Zwiebeln

Küchenutensilien

Schneidbrett, scharfes Messer,
Pürierstab oder Mörser,
große Pfanne, Zahnstocher

Zubereitung

1 | Die Filets kalt abbrausen, trocken tupfen und mit einem scharfen Messer in jede Brust eine tiefe Tasche schneiden.

2 | Die Pinienkerne in einer Pfanne ohne Fett unter Rühren goldbraun rösten und abkühlen lassen. Das Basilikum abbrausen, trocken schütteln, die Blätter abzupfen und grob hacken. Den Knoblauch schälen und eine Zehe fein hacken.

3 | Das Basilikum mit den Pinienkernen, dem gehackten Knoblauch und dem Salz in einem Mörser oder mit einem Pürierstab zu einer geschmeidigen Paste verarbeiten. Dann den Parmesan mit ½ EL Olivenöl untermischen und alles mit schwarzem Pfeffer abschmecken.

4 | Die Kräuterpaste gleichmäßig in die vorbereiteten Hähnchenbrustfilets füllen und die Filets jeweils mit einem oder zwei Zahnstocher verschließen. Auf jeder Seite mit Salz und Pfeffer würzen. ½ EL Olivenöl in einer Pfanne erhitzen und das Fleisch auf jeder Seite bei mittlerer Hitze 5–8 Minuten braten.

5 | Inzwischen die Tomaten kreuzweise einritzen, heiß überbrühen, häuten und würfeln. Die Zwiebeln schälen und mit dem restlichen Knoblauch fein hacken. Das übrige Öl in einer Pfanne erhitzen und Zwiebeln und Knoblauch darin glasig werden lassen. Die Tomaten zugeben und 3–5 Minuten erhitzen. Alles mit Salz und Pfeffer abschmecken. Die gefüllten Hähnchenbrustfilets auf den Tomaten servieren.

Tipps und Tricks

- Das Tomatenbett geht schneller mit zwei Dosen Pizzatomaten. Die Tomatenstückchen in 1 EL Olivenöl mit Knoblauch, Zwiebel sowie Oregano erhitzen, mit Salz und Pfeffer abschmecken und einen guten Schuss Balsamico.
- Lassen sie das Hähnchenbrustfilet nach dem Anbraten etwa 10 Minuten in Alufolie gewickelt ruhen, der Fleischsaft im Hähnchen bleibt erhalten und lässt das Filet schön saftig bleiben.

Kleinigkeiten für den Abend

Ein Blick in die Geschichte

Das Abendessen war in deutschen Landen eher ein bescheideneres Mahl. Die Hausfrau wurde in diversen Haushalts- und Kochbüchern dazu angehalten, köstliche Kleinigkeiten zum Abendbrot zu servieren, die nicht allzu üppig und, im Hinblick auf die bevorstehende Nachtruhe, bekömmlich waren. Außerdem sollte die Zubereitung der Abendmahlzeit nicht viel Zeit beanspruchen.

In vielen Familien war die Mahlzeit am Abend oft die einzige Zeit am Tag, wo alle zusammenkamen und miteinander aßen – ganz ähnlich wie heute. Daher galt es, gesunde Gerichte auf den Tisch zu bringen, um ein deftiges Essen in der Kantine mit hochwertiger Nahrung zuhause auszugleichen. Doch wie sahen diese Köstlichkeiten aus?

»Kalte Küche zum Abendbrot« lautete die erste Regel. Dazu gehörten: Aufschnitt und Brot, dazu etwas Frisches wie Rettich, Radieschen, Gurken oder Tomaten, je nach Jahreszeit. Abwechslung brachten pikante Brotaufstriche mit Kräutern, Tomaten, Ei, Käse und Sardellen. Zu besonderen Anlässen oder wenn die Mittagsmahlzeit eher bescheiden ausfiel, gab es auch die Variante der warmen Abendmahlzeit: beispielsweise Bratkartoffeln mit Sülze, Sülzkotelett oder geräucherten Fisch – je nach dem Geldbeutel der Familie. Aber auch Aufläufe wie Sauerkrautauflauf, Kartoffelauflauf mit Tomaten, Nudelauflauf oder Fischauflauf mit Kartoffeln waren beliebt.

Im Sommer gab es häufig kalte Eierspeisen, die sich mit erfrischenden Salaten oder mit pikanten Soßen anrichten ließen. Braten oder gekochtes Fleisch wurden zum Abendbrot in der Regel gern kalt gegessen. Die Beilagen dazu waren saure eingelegte Gurken oder Gemüse (Mixed Pickles), Perlzwiebeln, geriebener Meerrettich oder eingelegte rote Rüben (rote Beete) sowie Remouladensoße oder diverse Mayonnaisen.

Die Rezepturen waren in der Regel die überlieferten Rezepte des 19. Jahrhunderts. Dazu ein schönes Perlzwiebeln-Rezept aus dem Klassiker-Kochbuch von Henriette Davidis:

Perlzwiebeln einzumachen

Zutaten: Perlzwiebeln, weißer Pfeffer, Meerrettich und reichlich Dragon [= Estragon].

Die Perlzwiebeln werden sehr fein gewaschen, zum leichteren Abziehen der Haut lege man sie in lauwarmes Salzwasser, lasse sie darin erkalten und ziehe dann die Haut mittels eines silbernen Theelöffels oder eines Bronzemessers ab. Ein Stahlmesser darf zum Reinigen der Zwiebeln nicht gebraucht werden, weil sonst schwarze Flecken entstehen. Nach dem Abspülen werden die Zwiebelchen in Weinessig mit weißem Pfeffer einige Minuten gekocht, herausgenommen, mit Dragon und Meerrettich in ein Glas gelegt, der ebenfalls kalt gewordene Essig darübergegossen und das Gefäß zugebunden.

Wissenswertes

- Die Empfehlungen unserer Vorfahren, Gemüse zum Abendbrot zu essen, also etwas Frisches wie Radieschen, Gurken, Tomaten etc., können auch heute gut beherzigt und umgesetzt werden und benötigen kaum Zeit und Aufwand.
- Brot ist besonders in der Vollkornvariante zu empfehlen.

Auf das richtige Maß kommt es an

»Speise morgens wie ein Kaiser, mittags wie ein König und abends wie ein Bettler« – fast jeder kennt dieses Sprichwort, freut sich aber doch, wenn er abends eine zwar kleine, aber umso leckere Speise bekommt.

Entscheidend ist, dass das abendliche Essen nicht zu schwer im Magen liegt. Zum anderen ist die abendliche Mahlzeit eine gute Gelegenheit, die Lebensmittel zu ergänzen, die am Tag zu kurz gekommen sind, wie z. B. frische Kräuter. Und nicht zuletzt bietet sich oftmals die Gelegenheit, das Abendbrot gemeinsam und in Ruhe einzunehmen, ein wichtiger Aspekt in unserer schnelllebigen Zeit.

Schneller Zwiebelkuchen

Zutaten (für 4 Personen)

500 g Zwiebeln
100 g Mehl
3 Eier
200 ml Sahne oder Schmand
200 g magere (rohe) Schinkenwürfel
200 g geriebener Käse
Salz, Pfeffer
Fett zum Ausfetten der Backform

Küchenutensilien

Schneidbrett, Gemüsemesser,
Rührschale, Teigschaber, runde
Springform (26 cm), Backpapier,
Alufolie, Backpinsel, Waage

Zubereitung

1 | Die Zwiebeln pellen und in kleine Würfel schneiden.

2 | Alle Zutaten in die Rührschale geben und mit dem Teigschaber
oder Rührlöffel verrühren.

3 | Die Backform mit Backpapier auslegen oder gut ausfetten. Die Teig-
masse in die Form geben und 35 Minuten bei 200 °C im Backofen auf der mittleren Schiene backen.

4 | Den Zwiebelkuchen nach 25 Minuten mit Alufolie abdecken,
sonst wird er zu dunkel.

Tipps und Tricks
- Der Zwiebelkuchen kann noch mit etwas frischen Knoblauch oder klein
geschnittenen Schnittlauch oder mit 1/4 TL Kräuter der Provence verfeinert
werden.
- Der Käse kann auch statt in den Teig auf den Teig verteilt werden.
- Je feiner die Zwiebelwürfel sind, desto einfacher lässt sich der Zwiebelku-
chen nach dem Backen schneiden.
- Dieses Rezept ist schnell und einfach zuzubereiten, traditionell wird der
Zwiebelkuchen mit einem Federweißen serviert.

Frankfurter Handkäse

Zutaten (für 4 Personen)

2 Harzer Roller
2 TL Kümmelkörner
1 Zwiebel
1/8 l Essig
1/8 l Öl

Küchenutensilien

Schneidbrett, Kochmesser,
Gemüsehobel, Servierschale
mit Deckel

Zubereitung

1 | Den Harzer Roller in Scheiben schneiden (etwa 1 cm) und eine Schicht in eine Schüssel legen. Die Zwiebeln in dünne Ringe schneiden. Die Kümmelkörner über den Käse streuen und eine Schicht Zwiebelringe darauflegen.
2 | Dann ein wenig Essig und Öl darübergießen und die Schichten wiederholen, bis die Schüssel voll ist.
3 | 2 Tage bei Zimmertemperatur ruhen lassen.

Tipps und Tricks:
• Statt der Kümmelkörner kann auch gemahlener Kümmel verwendet werden.
• Der Käse hält sich mindestens eine Woche.

Schafskäse scharf

Zubereitung

1 | Den Schafskäse in Würfel oder Scheiben schneiden und in eine flache Servierschale geben.

2 | Die Zwiebel in dünne Ringe und den Knoblauch in dünne Scheiben schneiden.

3 | Alle Zutaten darüber verteilen und mit Öl übergießen. Die Schale mit einem fest schließenden Deckel abdecken und 1–2 Stunden durchziehen lassen.

Zutaten *(für 4 Personen)*

400 g Schafskäse
1 große Zwiebel
1 Knoblauchzehe
1 TL Petersilie (frisch gehackt)
1 TL Schnittlauchröllchen
4 Chilischoten
1/4 TL Kräuter der Provence (oder Basilikum/Oregano/Thymian)
1/4 TL Paprikapulver
1/4 TL grober Pfeffer aus der Mühle
1/4 l Sonnenblumenöl oder Olivenöl

Küchenutensilien

Schneidbrett, Kochmesser, Käsemesser, Gemüsehobel, Servierschale mit Deckel

Tipps und Tricks:
- Anstatt Schafskäse kann auch Gouda oder ähnlicher Käse verwendet werden.
- Die Zwiebeln kann man mit dem Gemüsehobel in dünne Ringe schneiden, den Knoblauch ebenso.
- Kaltgepresstes Olivenöl ergibt einen leicht mediterranen Geschmack, während Sonnenblumenöl geschmacksneutral ist.
- Die getrockneten Kräuter in einer Gewürzmühle mahlen oder kurz in der Hand zerreiben, dann entfaltet sich der Geschmack besser.
- Dazu passt frisches Baguette.
- Der scharfe Käse ist als Vorspeise geeignet oder als Leckerei zum Grillen.

Strammer Max

Zutaten *(für 1 Person)*

1 Scheibe Graubrot
etwas Butter
2–3 Scheiben roher Schinken
Fett zum Braten
2 Eier
1 Salatblatt
2 EL sauer eingelegtes Gemüse
Salz, Pfeffer

Küchenutensilien

Schneidbrett, Pfanne,
Pfannenwender, Buttermesser,
Salz- und Pfefferstreuer, 1 Essteller

Zubereitung

1 | Die Scheibe Brot mit Butter bestreichen. Diese mit dem Schinken belegen.

2 | Die Eier in der Pfanne braten. Die fertig gebratenen Spiegeleier auf das Schinkenbrot legen.

3 | Das Salatblatt und das Gemüse daneben legen: Das Auge isst mit! Die Spiegeleier mit Salz und Pfeffer würzen.

Tipps und Tricks:
- Brot- und Schinkensorte können frei nach eigenem Geschmack gewählt werden.
- Das Brot sollte reichhaltig mit Schinken belegt sein.

Schafskäsedip

Zutaten (für 500 g)

1 rote Paprikaschote
1 scharfe Peperoni (eingelegt)
200 g cremiger Schafskäse
100 g Schmand
2 Knoblauchzehen (gepresst)
1/4 TL Oregano
1/4 TL Basilikum
Salz, Pfeffer, Prise Zucker
1 TL Oliven- oder Sonnenblumenöl

Küchenutensilien

Schneidbrett, Kochmesser,
Gemüsehobel, Servierschale
mit Deckel, Pürierstab oder Deckel

Zubereitung

1 | Die Paprikaschote waschen, Kerne und Stiel entfernen. Den Peperonistiel abschneiden und die Kerne herausnehmen. Paprika und Peperoni sehr fein schneiden oder mit einem Pürierstab zerkleinern.

2 | Den Schafskäse mit einer Gabel in einer Schale zerdrücken.

3 | Alle Zutaten dazugeben und zu einer Creme verrühren, notfalls mit dem Pürierstab nachhelfen. Fertigen Dip in eine Schale geben.

Tipps und Tricks:
- Zum Dippen Salzgebäck oder Gemüsesticks servieren.
- Der Dip lässt sich 2–3 Tage im Kühlschrank aufbewahren.
- Passt auch gut zu Pellkartoffeln oder zu Grillfleisch.

Kräuterdip

Zubereitung

1 | Den Joghurt mit der Mayonnaise und dem Schmand verrühren. Die fein gehackten Kräuter unterrühren.

2 | Mit Essig, Salz und Pfeffer abschmecken.

Tipps und Tricks

- Bei den Kräutern kann man, wenn es schnell gehen soll, auch auf Tiefkühlkräuter zurückgreifen.
- Je nach Zusammensetzung der Kräuter verändert sich auch der Geschmack.
- Statt des weißen Balsamico kann auch ein milder Weißweinessig gewählt werden.

Zutaten (für 400 g)

150 g Joghurt
3 EL Mayonnaise
150 g Schmand
6 EL gemischte gehackte Kräuter (z. B. Petersilie, Kerbel, Schnittlauch, Dill)
3 TL weißer Balsamico
Salz, Pfeffer

Küchenutensilien

kleine Schale, Schneidbrett, Koch- oder Wiegemesser, Rührlöffel

Gemüsedip

Zutaten *(für 500 g)*

¹/₄ Salatgurke
1 rote, orange oder gelbe
Paprikaschote
1 Zwiebel
250 g Magerquark
100 g Frischkäse
Salz, Pfeffer
1 EL klein geschnittener Schnittlauch
1 EL gehackte Petersilie
1 Knoblauchzehe (gepresst)
1 Prise Paprikapulver

Küchenutensilien

Schneidbrett, Gemüsemesser,
kleine Schüssel, Teigschaber,
Knoblauchpresse, Pürierstab

Zubereitung

1 | Die Gurke und die Paprika waschen. Die Zwiebel pellen und fein würfeln. Das Gemüse in kleine Würfel schneiden, in die Schüssel geben und kurz pürieren.

2 | Alle anderen Zutaten dazugeben, verrühren und gut würzen.

3 | Vor dem Servieren 1 Stunde durchziehen lassen.

Tipps und Tricks:
- Die Gurke zieht Wasser, dadurch wird der Dip noch etwas cremiger.
- Wenn der Dip nicht cremig genug ist, kann noch etwas Milch dazugegeben werden.
- Zum Dippen Salzgebäck oder verschiedene Gemüsesticks servieren.
- Die grüne Paprikaschote schmeckt oftmals etwas herb. Gelbe, rote oder orangefarbene Paprikaschoten sind lieblicher im Geschmack.

Tomatendip

Zubereitung

1 | Die Zwiebel pellen und fein hacken. Die Peperoni entkernen, den Stiel abschneiden, die Peperoni klein schneiden. Den Knoblauch schälen und pressen. Alles in Olivenöl anschwitzen; wenn die Zwiebeln glasig sind, die Tomatenstücke mit dem Saft und die Gemüsebrühe dazugeben.

2 | Den Zucker hinzufügen und nochmals richtig heiß werden lassen, damit der Zucker karamellisieren kann.

3 | Mit Pfeffer, Salz und Tabasco abschmecken.

Tipps und Tricks

- Achtung: Dieser Tomatendip wird scharf! Durch mehr oder weniger Tabasco kann man die Schärfe etwas variieren.
- Wer keine Peperoni hat, kann auch eine Chilischote, trocken oder frisch, nehmen.
- Statt des braunen Zuckers kann auch weißer Zucker genommen werden.
- Wenn dieser Dip zu scharf geraten ist, können Sie die Schärfe durch etwas Sahne mildern.
- Dieser Dip passt hervorragend zu gegrilltem Fleisch.
- Er lässt sich gut vorbereiten und hält sich für 2–3 Tage im Kühlschrank.

Zutaten (für 500 g)

1 kleine Zwiebel
1 eingelegte Peperoni
2 Knoblauchzehen
2 TL Olivenöl
400 g Tomatenstücke aus der Dose
100 ml Gemüsebrühe
2 TL brauner Zucker
Pfeffer, Salz
2–3 Tropfen Tabasco

Küchenutensilien

Schneidbrett, Kochmesser, Knoblauchpresse, Pfanne, Rührlöffel, Servierschale, Dosenöffner, Messbecher

Senfdip

Zutaten (für 300 g)

200 g saure Sahne
100 g Frischkäse
4 TL Zitronensaft
4 EL Senf, mittelscharf
Salz, Pfeffer, Zucker

Küchenutensilien

kleine Schüssel, Rührlöffel,
Zitronenpresse

Zubereitung

1 | Alle Zutaten in die Schüssel geben und gut verrühren.
2 | Mit Salz, Pfeffer und einer Prise Zucker abschmecken.

Tipps und Tricks:
- Wer seinen Senfdip etwas schärfer mag, kann scharfen Senf oder Dijon-senf nehmen.
- Der Senfdip eignet sich gut zu kaltem Braten, Sauerfleisch oder gebra-tenem Fisch oder auch zu Raclette.

Soßen und Dressings

Ein Blick in die Geschichte

Soßen ergänzen gekochte und kalte Speisen. Die mehr oder weniger flüssigen Beigaben wirken appetitanregend und fördern die Verdauung. Doch die Herstellung einer guten Soße erfordert neben Grundkenntnissen über die Zubereitung noch einige Fähigkeiten. Dazu schrieb Henriette Davidis in ihrem Kochbuch-Klassiker des 19. Jahrhunderts: »*Die Saucen sind bei einem Essen nicht als Nebensache zu betrachten, sie verdienen vielmehr eine ganz besondere Beachtung. Ein gutes Gericht wird durch eine schlechte Sauce heruntergesetzt, durch eine gute noch gehoben. Zu den Vorschriften überall das genaue Verhältnis zu bestimmen, würde nicht möglich sein; es muß das Augenmaß und der eigene Geschmack zu Rate gezogen werden.*«

Doch wie wurde eine gute Soße mit dem richtigen Augenmaß und Geschmack zubereitet? Zu den beliebten Soßen gehörten im 19. Jahrhundert die Braune und Weiße Kraftsoße. Sie bildeten die Grundlage für weitere Soßen. Hier die Empfehlungen aus dem Kochbuch von Henriette Davidis:

Braune Kraftsauce

Man macht mit Butter eine gehackte Zwiebel nebst Mehl braun, wozu die Butter vorher gebräunt sein muß, gibt hinzu: 1 gelbe Wurzel, ½ Petersilienwurzel, Dragon [= Estragon], Pfefferkörner, 1 Lorbeerblatt; hat solches eine Weile geschmort, so gebe man kochendes Wasser hinein und lasse dies alles 1 Stunde kochen, reibe es durch ein Sieb, bringe es wieder zum Kochen, rühre so viel Fleischextrakt und Salz durch, als zu einer kräftigen Sauce nötig ist, und im übrigen können Kapern, feingehackte Sardellen oder auch Champignons hinzugegeben werden. Letztere müssen gehörig weich kochen, und geben ihr einen Geschmack von Zitronensaft.

Weiße Kraftsauce

Ist wie die vorhergehende, jedoch mit weißgebranntem Mehl zu bereiten.

Soßenrezepte wurden in deutschen Landen aus der ganzen Welt nachgekocht. So gab es die »Holländische Soße« mit Wein, die »Spanische Soße« (Espagnole), die »Soße Recamier« und die »Orleans-Soße« aus Frankreich oder die folgende Soße aus England.

Englische Krebssauce zum Blumenkohl

4 Eidotter, 1 Eßl. Mehl, Muskatnuß, Salz, 1 Tasse voll Krebsbutter; dieses wird mit ½ l Bouillon angerührt, unter beständigem Rühren bis vors Kochen gebracht, schnell vom Feuer genommen und auch dann noch eine kleine Weile gerührt. Die Sauce muss recht gut gebunden sein. Blumenkohl damit angerichtet, macht eine feine, schöne Schüssel:

Auch in Notzeiten oder wenn das Geld nicht reichte, wurde auf die Soßen nicht verzichtet.

Arme-Leute-Sauce

Man röstet in 60 g Butter einen Löffel Mehl, fügt einen Löffel geriebenes Schwarzbrot und ebensoviel geriebene Semmel hinzu, verkocht dies mit 2 Tassen Wasser, 5 g Fleischextract und einem Glase Wein eine Viertelstunde, würzt die Sauce mit etwas Pfeffer und Zitronenschale und reicht sie zu gekochtem Kalb- oder Lammfleisch.

»An der Soße erkennt man den guten Koch«

Dieser Ausspruch soll von Auguste Escoffier, einem der berühmtesten Köche Ende des 19. Jahrhunderts, stammen. Wahrscheinlich hat er recht, denn eine gute Soße zu kochen ist eine Herausforderung: fachliche Kompetenz, guter Geschmack, viel Zeit und Fingerspitzengefühl machen das Endprodukt zum kulinarischen I-Tüpfelchen. Auch wenn – wie in einer Wette beschrieben – es nur schwerlich gelingen wird, durch eine Soße ein paar alte Wagengeschirre und Winterstiefel essbar zu machen, so sind es doch vor allem Zutaten wie z. B. Butter, Brühe, Sahne und Wein, die etwa Nudeln und Reis so vortrefflich abrunden. Die mitgelieferten Kalorien müssen bei Gelegenheit an anderer Stelle eingespart werden.

Bei einer Vinaigrette andererseits werden ein wertvoller Essig (z. B. Balsamico) und ein hochwertiges Öl (z. B. Olivenöl) aufeinander abgestimmt. Senf, Meersalz und frisch gemahlener Pfeffer regen die Magensäfte und damit die Verdauungstätigkeit an. Fein gewiegte Kräuter wie Petersilie, Dill und Schnittlauch tragen zum Vitamin- und Mineralstoffhaushalt bei.

Übrigens soll eine pikante Burgundersoße das alte Lederzeug vortrefflich haben munden lassen …

Die berühmte Frankfurter Soße ist seit über 250 Jahren bekannt; schon Goethe soll sie bei seiner Mutter, »Frau Aja«, ganz besonders gern gegessen haben. Sie kann unterschiedlich zubereitet werden. Ein gedrucktes Rezept erschien zum ersten Mal 1860 in einem Frankfurter Kochbuch. Der Ursprung dieser Soße geht vermutlich auf die französische Sauce Vinaigrette zurück, die von den Frankfurtern mit ihren heimischen Küchenkräutern und später auch saurer Sahne angereichert wurde. Sie finden das Rezept auf Seite 158.

Wissenswertes

Eine gute Soße basiert grundsätzlich auf Flüssigkeiten wie Fonds, Ölen und Milchprodukten, welche mit verschiedenen Zutaten gebunden bzw. angedickt werden. Verwendet werden dafür Mehl (Mehlschwitze) und Kartoffelstärke, aber auch stärkehaltige Früchte und Legierungen auf der Basis von Hühnerei.

- Grundsoßen (helle und dunkle Soßen, weiße oder braune Soßen) dienen als Basis für viele der feineren Soßen. Ihre Grundlage ist eine helle oder dunkle Mehlschwitze, die mit Wasser-, Knochen- oder Fleischbrühe, mit Gemüsewasser oder Milch aufgefüllt wird.
- Zusammengesetzte Soßen basieren auf den Grundsoßen: dunkle (braune) zusammengesetzte Soßen auf den dunklen Grundsoßen, helle (weiße) Soßen auf den weißen Grundsoßen.
- Kalte Soßen werden als Bestandteil von Vorspeisen, Salaten, Zwischengerichten und Dessert betrachtet.
- Soßen, die zu Süßspeisen wie süßen Aufläufen, Pudding, Flammeri, Mehlspeisen, pochierten Früchten oder roter Grütze serviert werden, nennt man Dessertsoßen. Die Grundlagen sind: Vanillesoße, Weinschaumsoße, Konfitüren, Fruchtsäfte und Läuterzucker. Als Aroma- und Geschmacksgeber werden Spirituosen und Liköre verwendet.
- Als Dip bezeichnet man angedickte kalte Soßen, Mayonnaisemischungen und Käsecremes. Sie dienen zum Eintunken kleiner Vorspeisen, wie zum Beispiel zu Gemüsesorten. Rezepte finden Sie auf den Seiten 146 bis 150.
- Soßen wie die Grüne Soße und Sahne-Meerrettich-Soße gehören zu den selbstständigen Soßen.
- Zu Würzsoßen zählt man zum Beispiel Ketchup, Sojasoße, Chutney und Fischsoße.
- Zu den Buttermischungen gehören unter anderem die Kräuter-, Nuss- und Krebsbutter.

Möchte Sie grillen, sollten Sie Ihr Grillfleisch selbst würzen, statt es vorgewürzt zu kaufen.

Weitere Tipps für einen gelungenen Grillabend:

- Garnelen am Spieß: Olivenöl, Knoblauch, Salz und Pfeffer mischen und mit einem Backpinsel die Garnelen marinieren.
- Maiskolben: Wer Maiskolben grillen möchte, sollte vorgekochte Maiskolben kaufen oder die Kolben 20 Minuten in Zuckerwasser vorkochen.
- Zucchinischeiben: mit Salz und Knoblauch vorher würzen.
- Schafskäse: mit 1–2 TL Olivenöl, 1 zerdrückten Knoblauchzehe, Salz, Pfeffer und Kräuter der Saison in einem Päckchen aus Alufolie auf den Grill legen.
- Legen Sie auch Auberginenscheiben und Gemüsespieße auf den Grill.
- Sehr lecker ist Vollkornbrot, auf dem Grill geröstet und anschließend mit Butter bestrichen und mit Kräutersalz gewürzt.

- Machen Sie Hackfleischspieße mit Gemüse: Hackfleischbällchen abwechselnd mit verschiedenen Gemüsesorten aufspießen.
- Putenspieße: das Putenfleisch vorher mit etwas Öl, Salz und Curry würzen, dann das Fleisch würfeln und abwechselnd mit Ananasstücken auf einen Spieß stecken.
- Fischspieße: Nehmen sie festeren Fisch, wie z. B. Pangasius oder Dorade, der nicht so leicht auseinanderfällt, und marinieren Sie ihn mit Kräuteröl (Seite 160).
- Grillkartoffeln: Kochen Sie große Kartoffeln etwa 15 Minuten vor, wickeln Sie sie in Alufolie und legen sie die Kartoffeln in die Glut.

Remoulade

Zutaten (für 4 Personen)

1 Eigelb
2 TL Senf
1/8 l neutrales kalt gepresstes Öl
3 TL Zitronensaft
2 TL Zucker
1 Ei
1/2 Zwiebeln
1 TL Kapern
frische heimische Kräuter
1 Gewürzgurke
Salz, Pfeffer
3 EL Joghurt

Küchenutensilien

Handmixer oder Handrührgerät,
Rührlöffel, Messbecher,
Zitronenpresse, Schneidbrett,
Kochmesser, Gemüsemesser

Zubereitung

1 | Das Eigelb mit Senf gut verrühren. Das Öl zunächst tröpfchenweise unter Rühren des Handrührgerätes zufügen. Dann das Öl in einem feinen Strahl zugießen und dabei mit hoher Geschwindigkeit weiterrühren. Mit Zitronensaft und einer Prise Zucker würzen. Mayonnaise bis zum Servieren kühl aufbewahren.

2 | Ein Ei hart kochen, in kaltem Wasser abkühlen, pellen, fein würfeln und unter die Mayonnaise mischen. Eine halbe Zwiebel und Kapern klein hacken und zufügen. Frische Kräuter wie Petersilie, Dill und Kerbel fein hacken und in die Remoulade rühren. Die Gewürzgurke sehr fein würfeln und unterrühren.

3 | Den Joghurt erst unmittelbar vor dem Servieren dazugeben und mit Salz und Pfeffer abschmecken.

Tipps und Tricks
- Die Remoulade passt sehr gut zu Bratenaufschnitt, Kasseler, Sauerfleisch oder gebratenem und eingelegten Fisch.
- Sollte die Mayonnaise gerinnen, wurde das Öl wahrscheinlich zu schnell zugefügt. Dann einfach erneut ein Eigelb mit Senf verrühren und die geronnene Mayonnaise langsam unter ständigem Rühren zufügen.
- Frische Bio-Eier nehmen, denn das Ei wird roh verarbeitet.
- Ein neutrales Öl ist z. B. Sonnenblumenöl.
- Heimische Kräuter sind Kräuter, die in unserer Region wachsen (Petersilie, Schnittlauch, Kerbel usw.).

Frankfurter Grüne Soße

Zutaten (für 4 Portionen)

Kräutergewicht insgesamt: ca. 300 g
Petersilie
Schnittlauch
Kerbel
Sauerampfer
Dill
Borretsch
Kresse
Estragon
Liebstöckel
Zitronenmelisse
2 Zwiebeln
4 hart gekochte Eier
1 EL Essig
2 EL Öl
1/4 l saure Sahne
150 g Joghurt
Salz, Pfeffer
1 Prise Zucker

Küchenutensilien

Wiegemesser oder großes
scharfes Messer, große Schüssel,
Schneidbrett, Eierschneider

Zubereitung

1 | Die Kräuter verlesen, gründlich waschen und abtropfen lassen (in Küchenpapier schwenken), dann fein wiegen oder hacken und in die Schüssel geben.
2 | Die Zwiebeln möglichst fein hacken und ebenfalls in die Schüssel geben.
3 | Mit Essig, Öl, saurer Sahne und Joghurt verrühren und mit Salz und Pfeffer würzen. Zugedeckt an einem kühlen Ort mindestens 1 Stunde durchziehen lassen.
4 | Die hart gekochten Eier grob hacken und unterrühren.
5 | Nochmals mit Salz, Pfeffer und evtl. etwas Zucker abschmecken. Weitere 15 Minuten durchziehen lassen und zu Pellkartoffeln servieren.

Tipps und Tricks

- Für die berühmt gewordene Frankfurter Grüne Soße, die in ganz Hessen bekannt ist, gibt es unterschiedliche Zubereitungsarten. Man kann z. B. das Eigelb der hart gekochten Eier auslösen, durch ein Sieb streichen, zunächst mit Essig und Öl verrühren und erst dann alle anderen Zutaten unterrühren. Unerlässlich ist auf jeden Fall die Mischung aus mindestens sieben frischen Kräutern.
- In vielen Familien ist die Grüne Soße zusammen mit Pellkartoffeln das traditionelle Essen an Gründonnerstag. Sie schmeckt aber auch hervorragend im Sommer zu kaltem gekochtem Rindfleisch oder eingelegtem Fisch.

Helle und dunkle Grundsoße

Zubereitung

1 | Butter in einem Kochtopf zerlassen. Das Mehl (bei mittlerer Hitze) für die helle Grundsoße hellgelb anschwitzen. Für die dunkle Grundsoße die Mehlschwitze bei mittlerer Hitze so lange anschwitzen, bis sie braun bzw. dunkelbraun ist.

2 | Kalte Brühe oder Fond unter ständigen Rühren nach und nach dazugeben. 10 Minuten bei kleiner Flamme gut durchkochen, ständig umrühren.

3 | Weitere Zutaten (Kräuter, Gewürze) dazugeben. Durchziehen lassen, aber nicht mehr aufkochen.

4 | Wenn sich Klümpchen gebildet haben, die Soße vor der Zugabe von Kräutern u.ä. durch ein Sieb gießen.

Zutaten *(für 4 Personen)*

für die helle Grundsoße:
35 g Butter
35 g weißes Mehl
1/2 l Fleisch- oder Gemüsebrühe oder Fischfond

für die dunkle Grundsoße:
40 g Fett
50 g weißes Mehl
1/4 l Fleisch- oder Gemüsebrühe

Küchenutensilien

Kochtopf, Messbecher, Schneebesen, Waage, Sieb

Tipps und Tricks

• Die Soße grundsätzlich mit einem Schneebesen verrühren, damit sich keine Klümpchen bilden.

• Wenn die Mehlschwitze heiß ist, muss die Brühe kalt sein. Sonst bilden sich Klümpchen, die sich nicht verrühren lassen.

• Wenn die Mehlschwitze kalt ist, heiße Brühe dazugeben.

• Vor dem Verfeinern die Soße gut durchkochen lassen, damit der Mehlgeschmack verkocht.

• Die Grundsoßen können nach Belieben mit Kräutern, angeschwitzten Zwiebelwürfeln, Gewürzen, Wein, Dessertwein, Senf, Meerrettich, Sahne, Tomatenmark, Pilzen, Gemüse usw. verfeinert werden.

• Die Soßen dürfen den Eigengeschmack eines Gerichtes nicht überdecken, sondern sollen ihn verfeinern.

Orangenvinaigrette mit Himbeeressig

Zutaten *(für 4 Personen)*

Saft einer Orange
3 EL Himbeeressig
1 TL Honig
1 TL Sonnenblumenöl
1 TL Senf
2 EL Wasser

Küchenutensilien

Zitronenpresse, Schüttelbecher

Zubereitung

1 | Die Orange auspressen und den Saft in den Schüttelbecher geben.
2 | Alle anderen Zutaten ebenfalls in den Schüttelbecher geben und gut durchmixen.

Tipps und Tricks
- Dieses Dressing passt hervorragend zu allen Blattsalaten.
- Wenn man einen Blattsalat mit Nüssen oder Kernen aufwertet, kann man statt des Sonnenblumenöls auch das entsprechende Nuss- oder Kernöl verwenden.

Kräuteröl

Zutaten *(für 0,7 l)*

200 ml Sonnenblumenöl
200 ml Rapsöl
200 ml Olivenöl
3–5 geschälte Knoblauchzehen
1 EL Bärlauch
1 EL Kräuter der Provence
1 EL Schnittlauch
1 EL getrocknete, klein geschnittene Paprika
1–2 ganze Chilischoten
1 EL ganze bunte Pfefferkörner

Küchenutensilien

saubere und trockene 0,7 l-Flasche, Flaschenverschluss, Trichter, Ausgießer

Zubereitung

1 | Die Flasche mit allen Gewürzen und Kräutern befüllen. Mit den Ölen auffüllen und fest verschließen.
2 | Die Flasche dunkel aufbewahren. Alle paar Tage schütteln.

Tipps und Tricks
- Bevor das Kräuteröl das erste Mal verwendet wird, sollte es mindestens 3 Tage durchziehen.
- Die Flasche mit wasserfestem Stift beschriften.
- Es können auch andere Ölsorten verwendet werden.
- Bei hohen Außentemperaturen das Öl im Kühlschrank aufbewahren.
- Es können auch kleinere Flaschen benutzt werden.
- Das Öl ist ideal für Salate aller Arten, zum Braten, für Fleischmarinaden und zum Einlegen von Käse.
- Das Kräuteröl, hübsch verpackt, ist eine schöne Geschenkidee.

Balsamico-Vinaigrette

Zubereitung

Alle Zutaten in den Schüttelbecher geben und gut mixen.

Tipps und Tricks

- Die Vinaigrette erst kurz vor dem Servieren an den Salat geben.
- Da sich Essig und Öl nicht so gut verbinden, dient hier der Senf als Emulgator.
- Die Salatsoße kann durch die Senfsorte variiert werden.
- Diese Vinaigrette passt hervorragend zu allen Salaten mit Tomaten.

Zutaten (für 4 Personen)

3 EL Olivenöl
2 EL dunkler Balsamicoessig
1 TL Honig
1 TL Senf
Salz, Pfeffer

Küchenutensilien

Schüttelbecher

Zwiebel-Senf-Marinade

Zubereitung

1 | Die Zwiebeln pellen und in kleine Würfel schneiden. Alle Zutaten in eine Schale geben und vermengen.
2 | Die fertige Marinade mit einem Backpinsel auf die Steaks oder ein Bratenstück auftragen.
3 | Das Fleisch in einer Schale (zugedeckt) im Kühlschrank mindestens 6 Stunden durchziehen lassen. Erst nach dem Grillen bzw. Anbraten das Fleisch salzen.

Tipps und Tricks

- Der Alkoholgehalt des Bieres verkocht beim Grillen bzw. Braten.
- Der Senf muss kräftig sein, damit das Fleisch auch gut gewürzt wird.
- Anstatt körnigen Senfs kann auch feiner Senf verwendet werden.
- Je nach Senfart verändert sich der Geschmack der Marinade.
- Das ist die passende Marinade für herzhafte Gerichte aus Schweine- und Rindfleisch.
- Als Biersorte empfiehlt sich Pils, es kann aber auch Schwarzbier verwendet werden.

Zutaten (für 1 kg Braten oder 6–8 Steaks)

120 g Zwiebeln (2–3 Zwiebeln)
5 EL körniger Senf (Dijon-Senf)
2 EL Sonnenblumenöl
2 EL Bier
1 EL grober Pfeffer

Küchenutensilien

Schale, Schälmesser, Schneidbrett, Esslöffel, Backpinsel

Curry-Marinade

Zutaten *(für 6 Scheiben Fleisch)*

1 rote Chilischote
3 TL Currypulver
3 EL Honig
Saft einer Zitrone
8 EL Öl

Küchenutensilien

Schneidbrett, scharfes Messer,
kleine Schüssel, Zitronenpresse,
Backpinsel

Zubereitung

1 | Die Chilischote entkernen und den Stiel entfernen, sehr fein würfeln. Die fein geschnittene Chilischote mit allen Zutaten gut vermengen. Mit dem Backpinsel alle Fleischscheiben gut einpinseln.

2 | Am besten passen Hähnchen- oder Putenfleisch dazu.

3 | Mindestens 2 Stunden kühl stellen und ziehen lassen.

Tipps und Tricks

- Eine Grillvariante sind Hähnchenspieße mit Ananasstücken.
- Die Fleischscheiben können gegrillt oder in der Pfanne gebraten werden.
- Eine andere Variante: Das Fleisch in Stücke schneiden, in der Pfanne mit verschiedenen Gemüsesorten anbraten und mit Sahne ablöschen; ergibt ein sehr schmackhaftes Hähnchen- oder Putencurry.

Das Sahnehäubchen: Kuchen und Desserts

Ein Blick in die Geschichte

Dämmerung war es, als Adele
mit dem Freunde ihrer Seele,
der so gerne Pudding aß,
traulich an der Tafel saß.
»Pudding«, sprach er, »ist mein Bestes«,
drum zum Schluß des kleinen Festes
steht der wohlgeformte, große
Pudding mit der roten Soße
braun und lieblich dampfend da,
was der Freund mit Wonne sah.
Wilhelm Busch

Kuchen und Süßspeisen sind heute so beliebt wie früher; es gibt sie mittlerweile in allen Varianten und Zubereitungsarten. Während heute viele Menschen die Süßspeise Pudding nur noch aus dem Kühlregal des Supermarktes kennen, wurde der echte Pudding ursprünglich selbst gekocht. Diese Herstellung war wesentlich aufwendiger und kostete Zeit. Kein Wunder also, dass Hausfrauen vom Puddingpulver begeistert waren.

In dem »Bunten Buch vom Kochen« von 1956 erfahren wir, welche unterschiedlichen Arten von Süßspeisen es gibt:

Kalte Süßspeisen

- Ein Flammeri ist eine kalte Süßspeise, die mit einem stärkehaltigen Bindemittel zubereitet wird. Man verfeinert sie durch Zugabe von Eiern. Die Speise wird heiß in eine mit kaltem Wasser ausgespülte Form gefüllt und nach dem Erkalten gestürzt. Man reicht eine Soße und Kompott dazu.
- Eine Krem ist eine kalte Süßspeise, die nicht gestürzt wird. Bindemittel sind Eigelb, Gelatine und Stärkemehl, Lockerungsmittel Eischnee und Schlagsahne. Eine Krem wird in Glasschüsseln, Portionsschalen oder Gläsern angerichtet. Etwas Schlagsahne aufgespritzt erhöht Aussehen und Geschmack.
- Eine Geleespeise wird durch Gelatine gebunden und in Glasschalen oder Gläsern angerichtet. Will man sie stürzen, muss sie in kalt ausgespülten Formen erkalten und steif sein.

Warme Süßspeisen

- Ein Auflauf wird gebacken und in der Form aufgetragen.
- Ein Pudding wird in einer Puddingform im Wasserbad gekocht. Gestürzt kommt er warm auf den Tisch. Man gibt Soße oder Kompott dazu.

Doch wie kocht man den echten Pudding? An dieser Stelle dürfen historische Pudding-Rezepte von Henriette Davidis nicht fehlen.

Roter Frucht-Pudding (»Rote Grütze«)

Frische Beerenfrüchte, wie Himbeeren, Johannisbeeren oder Brombeeren stellt man ohne Wasserzusatz eine Stunde in ein Wasserbad, damit sie Saft ziehen. Dem Saft von 1½ l Beeren setzt man ½ l Rotwein zu sowie 250 bis 300 g Zucker. Man quillt in der Flüssigkeit entweder 150 g Kartoffel- oder Reismehl, 100 g Stärke oder 100 g Sago aus, so daß man einen nicht zu steifen Fruchtbrei erhält, unter den man den Eiweißschnee von 4 Eiweiß zieht und gern noch ¼ l eingezuckerte frische Beeren mischt. Der Pudding wird in eine ungespülte Form gefüllt, nach dem Erkalten gestürzt und mit geschlagener Sahne oder mit Vanillesauce, auch wohl mit dicker, mit Rotwein, Zucker und Rum schaumig geschlagener Sahnesauce gereicht.

Etwas ungewöhnlicher für heutige Zeiten ist das folgende ostfriesische Originalrezept:

Bierpudding für einen einfachen Tisch

½ l nicht bitteres Bier, ebensoviel Wasser, 1/10 l Weißwein, 250 g Zucker und 6 g Zitronensaftextrakt werden aufgekocht, mit 40 g aufgelöster Gelatine verrührt und zum Erkalten in Formen gefüllt. Man reicht süße geschlagene mit Vanillezucker gewürzte Sahne als Sauce hinzu.

Während die Süßspeisen Flammerie, Pudding, Auflauf und Krem als Nachspeise beliebt waren, krönte ein selbstgebackener Kuchen die Kaffeetafel am Nachmittag. Dazu gehörte ein schön gedeckter Tisch, der die hausfraulichen Qualitäten der Gastgeberin besonders hervorbrachte. Wir zitieren die Empfehlungen von Hertha Brockob u.a. aus dem »Bunten Buch vom Kochen«:

»Es macht Freude, den Kaffeetisch hübsch zu decken. Schon bei der Anschaffung sollten wir daran denken, dass wir Tischdecken und Geschirr farblich aufeinander abstimmen. Eine grüne Decke paßt nicht zu blau gemusterten Tassen und eine karierte Decke nicht zu Geschirr mit Streublümchen. Die Servietten – zur Kaffeedecke passend – werden zum Dreieck gefaltet und auf die Kuchenteller oder links danebengelegt. Papierservietten tun auch ihren Dienst, sparen Arbeit und sind in großer Auswahl preiswert zu haben. Rechts von den Kuchentellern, etwas höher, stehen die Tassen mit den Kaffeelöffeln. Die Kuchengabeln legen wir auf die Kuchenteller oder rechts daneben. Zuckerdose und Milchkännchen stellen wir auf ein kleines Tablett. Zuckerzange oder Löffel für den Zucker nicht vergessen! Auch Blumen – viel brauchen es nicht zu sein – dürfen nicht fehlen.«

Zu besonderen Anlässen gab es Torte, zu Anlässen einfacherer geselliger Art oder innerhalb der Familie in der Regel einfach zubereitete Kuchen wie das folgende Rezept aus dem Kochbuch von Henriette Davidis aus dem 19. Jahrhundert:

Mannheimer Apfelkuchen

Man rührt aus 100 g schaumig geriebener Butter, 200 g Zucker, 5 ganzen Eiern, Schale einer Viertel Zitrone und 250 g Mehl einen leichten Teig, den man auf eine mit Butter bestrichene, mit geriebener Semmel bestreute Platte streicht, mit Apfelscheiben dicht belegt und mit einem Guß aus ¼ l saurer Sahne, 3 Eiern, Zucker und Vanille übergießt. Man bäckt den Kuchen bei Mittelhitze.

Wissenswertes

- Puddingpulver enthalten neben Bindemittel – Stärke oder Gelatine – Kakao, Fruchtbestandteile oder Aromastoffe wie Vanillin, Rum-, Mandel-, Erdbeer-, Apfelsinen- oder Zitronenaroma. Durch die häufige Verwendung von »Puddingpulver« hat sich das Wort »Pudding« für Süßspeisen eingebürgert.
- Backpulver lockert den Teig. Es besteht aus einem kohlensäurehaltigen Salz (Natron) und einem Salz (Weinstein), das die Kohlensäure aus dem Natron austreibt. Die Kohlensäure zerfällt dann in Kohlendioxid und Wasser: Kohlendioxid bildet im Teig, ähnlich wie im Selterswasser, kleine Gasbläschen. Das Gas will entweichen, wird aber von dem Klebereiweißgerüst, das sich inzwischen in der Wärme des Backofens gebildet hat, festgehalten und lockert dabei den Teig. Backpulver muss kühl und trocken aufbewahrt werden, damit Natron und Weinstein nicht schon beim Lagern wirksam werden. Aus demselben Grund enthält das Backpulver einen Zusatz von Stärke, der trennend wirkt.

Etwas Süßes in Ehren ...

Betrachtet man die Kultur der Fest- und Feiertage, die Kultur des schönen und harmonischen Essens, so bildete die Nachspeise seit jeher den krönenden Abschluss eines gelungenen Mahles. Süßspeisen früherer Zeit benötigten oftmals viel Zucker, Sahne und Eier, heute gibt es leichtere Varianten.
So ermöglichen uns luftige Cremes, fruchtige Desserts und raffinierte Arrangements von Früchten mit Quark und Joghurt, Süßes auch »leicht« zu genießen. Gewürze tun ein Übriges, um unsere Sinne vielfältig anzuregen.

Marmorkuchen

Zutaten

300 g weiche Butter
280 g Zucker
1 Pck. Vanillezucker
4 Eier
1 Prise Salz
1 Fläschchen Rumaroma
500 g Mehl
1 Pck. Backpulver
125–150 ml Milch
Margarine oder Butter zum
Ausfetten
30 g Kakao
25 g Zucker
3 EL Milch

Küchenutensilien

Rührschüssel, Messbecher, Waage,
feines Sieb, Backform (Kasten- oder
Napfform), Backpinsel, Teigschaber,
Gabel, Esslöffel

Zubereitung

1 | Den Backofen auf 180 °C vorheizen.

2 | Die Butter in die Rührschüssel geben und mit dem Mixer schaumig rühren. Den Zucker, den Vanillezucker, die Eier, das Salz und das Rumaroma dazugeben und verrühren. Das Mehl mit dem Backpulver sieben und unterheben. Die Milch dazugeben und verrühren. Wichtig: Nur so viel Milch dazugeben, dass der Teig schwer reißend vom Löffel oder Mixstab fällt. Es soll ein cremiger bis fester Teig werden.

3 | Die Backform ausfetten und ²/₃ des Teiges in die Backform geben.

4 | Den Kakao, die 25 g Zucker und die 3 EL Milch zum restlichen Teig geben und verrühren.

5 | Den dunklen Teig auf dem hellen Teig verteilen und mit einer Gabel kräftig durch die Teigschichten ziehen, sodass ein Marmormuster entsteht.

6 | Die Backform in den vorgeheizten Ofen stellen und bei 180 °C etwa 50–60 Minuten auf der mittleren Schiene backen. Bei einer Kastenform nach etwa 15 Minuten den Kuchen oben längs einschneiden.

7 | Die Garprobe mit einem Zahnstocher oder einer rohen Spaghettinudel machen. Bis zur Mitte einstechen und wieder herausziehen. Wenn kein Teig mehr daran klebt, ist der Kuchen fertig.

8 | Vor dem Stürzen den Kuchen in der Form mindestens 10–15 Minuten auskühlen lassen. Zu schnelles Stürzen zerreißt den Kuchen!

Tipps und Tricks

- Die Backzeit ist abhängig von der Form der gewählten Backform.
- Das Einschneiden verhindert das Einreißen des Kuchens während des Backens an der falschen Stelle.
- Sollte der Kuchen in der Form klebenbleiben, nicht herausschütteln oder mit einem Messer herausschneiden. Die Form kopfüber auf ein Kuchengitter stellen und abwarten. Durch den aufsteigenden Dampf beim Auskühlen löst sich der Kuchen von allein aus der Form.
- Die Kuchenglasuren verhindern das Austrocknen des Kuchens und verleihen noch einen zusätzlichen Geschmack.
- Dieser Teig eignet sich auch sehr gut für Muffins. Die Backzeit dafür beträgt etwa 12 Minuten.

Apfelstreuselkuchen

Zutaten *(für 1 Blech)*

für den Rührteig:
150 g Butter
150 g Zucker
4 Eier
300 g Mehl
4 TL Backpulver
2 Pck. Vanillezucker
1,5 kg Äpfel für den Belag

für die Streusel:
180 g Butter
180 g Zucker
200 g Mehl
80 g Kokosraspel oder
gemahlene Haselnüsse oder
gemahlene Mandeln

Küchenutensilien

Handrührgerät mit Rührbesen und
Knethaken, große Rührschüssel,
Küchenwaage oder Messbecher,
Backblech und Backpapier

Zubereitung

1 | Alle Zutaten für den Rührteig (außer den Äpfeln) in die Rührschüssel geben, dabei sollte die Butter schön weich sein. Dann mit dem Handrührgerät den Teig gut verrühren. Aber Achtung: Der Rührteig heißt Rührteig, weil er gerührt werden muss, und zwar so lange, bis der Teig nicht mehr am Rührgerät kleben bleibt. Wenn er von den Rührhaken zäh abtropft, ist der Teig gut.

2 | Ein Backblech wird feucht gemacht und mit Backpapier ausgelegt. Der Teig wird auf das Blech gegossen und mit einem Löffel oder Teigschaber gleichmäßig verteilt. Wenn der Teig hinter dem Löffel »hinterher rennt«, ist nicht lange genug gerührt worden. Aber keine Panik, der Kuchen gelingt trotzdem!

3 | Die in Spalten geschnittenen Äpfel werden auf den Teig gelegt.

4 | Die Zutaten für die Streusel werden in die Rührschüssel hineingegeben, wobei die Butter wieder weich sein sollte. Mit den Händen wird der Streuselteig solange durchgeknetet, bis die Butter von der Mehl-Zucker-Mischung aufgenommen wurde. Dann die Streusel gleichmäßig über die Äpfel krümeln.

5 | Der Kuchen wird bei 200 °C etwa eine $\frac{1}{2}$ Stunde auf der mittleren Schiene bei Ober- und Unterhitze gebacken.

Tipps und Tricks
- Der Kuchen kann auch leicht abgewandelt werden, in dem man je nach Saison andere Früchte nimmt.
- Eine leckere Variante ist der Rhabarber-Bananen-Kuchen. Ersetzen Sie die Äpfel zu gleichen Teilen durch Rhabarber und Bananen. Die Backzeit und die Zutaten bleiben gleich.
- Wenn ein ganzes Blech zu viel ist, nimmt man von allem die Hälfte und backt den Kuchen in einer 26 cm-Springform.
- Wer es gerne etwas cremiger möchte, kann unter den Fruchtbelag eine etwa 1 cm dicke Schicht backfeste Puddingcreme geben. Gerade unter säuerlichen Früchten gibt sie dem Kuchen eine süße Note.

Buttermilchkuchen

Zubereitung

1 | Den Backofen auf 175 °C vorheizen.
2 | Alle Zutaten für den Teig in eine Schüssel geben und verrühren. So lange rühren, bis sich ein glatter Teig gebildet hat.
3 | Das Backblech mit Backpapier auslegen. Den Teig auf das Backblech gießen.
4 | Die Mandeln oder die Kokosraspeln mit dem Zucker und dem Vanillezucker in eine kleine Schale geben und vermengen, dann gleichmäßig auf dem Teig verteilen.
5 | Im Backofen auf mittlerer Schiene etwa 20 Minuten backen. Der Belag darf nicht dunkel werden, nur leicht bräunen lassen. Mit einem Zahnstocher die Garprobe machen.
6 | Den fertig gebackenen und noch heißen Kuchen mit der Sahne gleichmäßig übergießen.
7 | Den Kuchen auf dem Backblech auskühlen lassen.

Zutaten *(für 1 Backblech)*

für den Teig:
250 g Zucker
360 g Weizenmehl
500 ml Buttermilch
2 Eier
2 Pck. Backpulver
für den Belag:
150 g Mandelblätter oder
Kokosraspeln
120 g Zucker
1 Pck. Vanillezucker
150 ml Sahne

Küchenutensilien

Küchenwaage, Schüssel,
Messbecher, Schneebesen,
Backblech, Backpapier,
kleine Schale, Zahnstocher
oder 1 rohe Spaghettinudel

Tipps und Tricks
• Durch die Sahne wird der Kuchen sehr saftig und bleibt lange frisch.
• Wem die Sahne zu gehaltvoll ist, der kann die Menge reduzieren oder ganz weglassen.
• Garprobe: Zahnstocher bis zur Mitte des Kuchens in den Teig stecken. Wenn am Zahnstocher kein Teig mehr klebenbleibt, ist der Kuchen fertig.
• Wenn kein Zahnstocher vorhanden ist, kann auch eine rohe Spaghettinudel benutzt werden, das schont nebenbei die Backformen aus Silikon.
• Der Fettgehalt der Buttermilch ist unwichtig für den Kuchen.
• Das Backblech anfeuchten, dann rollt das Backpapier nicht weg.
• Dieser Kuchen dauert inklusive Backzeit nur 30–40 Minuten und ist sehr einfach herzustellen.

Milchreis mit Zimt und Zucker

Zutaten *(für 4 Personen)*

1 l Milch
etwas Zitronenschale
eine halbe Stange Vanille
1 Prise Salz
1 TL Butter
200 g Rundkornreis
20 g Butter zum Bräunen und
Übergießen
50 g Zucker (oder weniger nach
Geschmack)
etwas Zimt zum Bestreuen
Kompott oder Fruchtsaft

Küchenutensilien

großer Kochtopf, kleiner Kochtopf,
Rührlöffel

Zubereitung

1 | Die Milch mit dem gewaschenen Reis, der Butter und den Gewürzen zum Kochen bringen, dabei öfter umrühren, um das Anbrennen zu vermeiden.

2 | Nach dem Aufkochen bei niedrigster Temperatur etwa 35–40 Minuten quellen lassen, hin und wieder umrühren.

3 | Die Butter in einem separaten Topf schmelzen lassen, bis sie braun wird, und über den fertigen Milchreis gießen.

4 | Den Zimt und den Zucker nach Geschmack mischen und mit dem Kompott in zwei getrennten Dessertschalen zum Milchreis reichen.

Tipps und Tricks
- Für Milchreis stets einen hohen Kochtopf wählen, damit die kochende Milch etwas hochsteigen kann.
- Die Milch nie unbeaufsichtigt lassen, denn sie kocht schnell über.
- Statt Zimtzucker kann man auch Kompott oder Apfelmus reichen. Der Phantasie sind hier keine Grenzen gesetzt.
- Milchreis ist in erkaltetem Zustand eine beliebte Nachspeise, frisch gekocht ist er eine sättigende Hauptmahlzeit.
- Wird der Reis in eine kalt ausgespülte Form gefüllt und gekühlt, kann er anschließend gestürzt und mit Fruchtsaft als Nachspeise serviert werden.

Pikante Bratäpfel

Zutaten (für 6 Personen)

6 rote Äpfel
100 g Brötchen
150 g Blauschimmelkäse
80 g Schinkenwürfel
150 g Crème fraîche
Salz, Pfeffer
1 EL gehackte Petersilie

Küchenutensilien

Apfelausstecher, Schneidbrett,
Auflaufform, Kochmesser,
kleine Rührschüssel, Teigschaber
oder Rührlöffel

Zubereitung

1 | Die Äpfel waschen und das Kerngehäuse ausstechen. Etwas Fruchtfleisch zusätzlich herausnehmen und in feine Würfel schneiden.
2 | Das Brötchen und den Käse ebenfalls fein würfeln.
3 | Die Apfel-, die Brötchen-, die Schinken- und die Käsewürfel mit Crème fraîche verrühren und mit Salz, Pfeffer und Petersilie abschmecken. Die Masse etwa eine 1/2 Stunde durchziehen lassen und dann in die ausgestochenen Äpfel füllen.
4 | In eine Auflaufform setzen und im vorgeheizten Ofen bei 175 °C auf der unteren Schiene 30–35 Minuten backen.

Tipps und Tricks
• Die Apfelsorte ist variabel, es kommt auf den persönlichen Geschmack an.
• Statt Blauschimmelkäse kann ein kräftiger Brie oder Camembert genommen werden.
• Hat man keinen Apfelausstecher zur Hand, kann man die Äpfel auch halbieren und mit einem kleinen spitzen Messer das Kerngehäuse entfernen. Die fertige Masse dann einfach in die Apfelhälften füllen.

Süße Bratäpfel

Zutaten (für 4 Personen)

4 säuerliche Äpfel
100 g Marzipanrohmasse
25 g gestiftelte Mandeln
25 g Rosinen

Küchenutensilien

Apfelausstecher, Schneidbrett,
Auflaufform, kleines Messer

Zubereitung

1 | Die Äpfel ausstechen und zusätzlich etwas Fruchtfleisch entnehmen.
2 | Das Marzipan weich kneten und die Mandeln, die Rosinen und das Fruchtfleisch darunterkneten.
3 | Die Masse in die Äpfel füllen, diese in eine Auflaufform setzen und bei 175 °C auf der unteren Schiene für 30–35 Minuten im vorgeheizten Ofen backen.

Tipps und Tricks

- Dazu passt eine Vanillesoße.
- Säuerliche Äpfel (z. B. Boskop) sind empfehlenswert, da das Ganze sonst zu süß wird.
- Wenn Sie die Rosinen vorher in Rum einweichen, schmeckt es noch leckerer.

Beerentraum

Zutaten (für 4 Personen)

200 ml Sahne
400 g gemischte Tiefkühlbeeren
8 EL brauner Zucker
250 g Naturjoghurt

Küchenutensilien

große Servierschale, Mixer,
Mix- oder Rührbecher,
Teigschaber, Esslöffel

Zubereitung

1 | Die Sahne steif schlagen.
2 | Die gefrorenen Beeren in eine Servierschale geben. 3 EL braunen Zucker über die Beeren streuen, dann den Naturjoghurt darüber gießen und glatt streichen.
3 | 2 EL braunen Zucker darüber streuen, die geschlagene Sahne darüber geben und ebenfalls glatt streichen.
4 | Darüber nochmals 2 EL braunen Zucker streuen und das Ganze etwa eine ½ Stunde durchziehen lassen und dann sofort servieren!

Tipps und Tricks

- Die Früchte müssen gefroren sein, sonst hat man zu viel Saft im Dessert.
- Unbedingt brauen Zucker nehmen, sein typischer Eigengeschmack ist wichtig.
- Je nach Beerensorte 1 EL braunen Zucker mehr oder weniger nehmen.

Geschichte im Glas

Zubereitung

1 | In der kleineren Schüssel die Blockschokolade im Wasserbad schmelzen.

2 | In der größeren Schüssel den Quark mit dem Zitronensaft, dem Vanillezucker und dem Zucker verrühren.

3 | Die Vanilleschote längs aufschneiden und mit dem Messerrücken das Vanillemark herauskratzen und in den Quark geben.

4 | Die Sahne steif schlagen und unter den Quark heben, den Quark gegebenenfalls nachsüßen.

5 | Die Amarettinis grob zerkleinern. In jeden Glas unten eine Schicht Amarettinis geben und je 1 EL Mandellikör darüber träufeln.

6 | Eine Schicht Vanillequark (etwa 3 cm) über die Amarettinis geben, dann wieder Amarettinis darüberstreuen und diese wieder mit 1 EL Mandellikör beträufeln. Das Ganze solange wiederholen, bis das Glas zu etwa zwei Dritteln gefüllt ist.

7 | Mit Quark abschließen und das Ganze kalt stellen.

8 | Wenn die Schokolade geschmolzen ist, die Physalis darin eintauchen und auf das mit Backpapier ausgelegte Backblech legen, die Blätter und Stiele der Physalis dranlassen. Sie werden hochgeklappt und zum Eintauchen in die Schokolade benutzt, die Physalis sehen dann als Dekoration sehr gut aus.

9 | Wenn die Schokolade an den Früchten fest geworden ist, geben Sie je 3 Physalis als Abschluss auf die Gläser.

10 | Die Geschichte im Glas bis zum Servieren kühl stellen.

Zutaten *(für 4 Personen)*

100 g Blockschokolade/Kuvertüre (zartbitter)
500 g Magerquark
Saft einer 1/2 Zitrone
2 Pck. Vanillezucker
2 EL Zucker
1 Vanilleschote
1/8 l Schlagsahne
50 g Amarettinis
50 ml Mandellikör
12 Physalis

Küchenutensilien

4 Whiskygläser oder breite Trinkgläser, 2 Schüsseln, Schneebesen, Gemüsemesser, Schneidbrett, Zitruspresse, Backblech, Backpapier, Messer

Tipps und Tricks

- Statt der Physalis kann man auch Erdbeeren oder andere Früchte der Saison nehmen, sie müssen nur einen Stiel haben.
- Wer keinen Alkohol mag, kann den Mandellikör auch weglassen.
- Die Amarettinis nicht zu fein zerbröseln, sie sollten beim Essen noch »krachen«.

Welfenspeise mit Weißweinschaum

Zutaten (für 6 Personen)

für die Welfenspeise:

1 l Milch
2 Vanilleschoten
200 g Zucker
abgeriebene Schale von 1 Zitrone
125 g Speisestärke
125 ml Sahne
8 Eiweiß
1 Eigelb
2 EL Milch

für den Weißweinschaum:

250 g Zucker
8 Eigelb
750 ml Weißwein
Saft von einer Zitrone

Küchenutensilien

Schneidbrett, Messer, Messbecher,
Waage, Zitronenpresse und -reibe,
Kochtopf, kleine Schale/Tasse,
Rührbecher, Schneebesen, Mixer,
Rührschüssel, Servierschale,
Weingläser oder Dessertschalen

Zubereitung

1 | Die Milch in einen Topf geben.

2 | Die Vanilleschoten der Länge nach aufschneiden und mit dem Messerrücken das Vanillemark herausschaben.

3 | Das Vanillemark, die Schoten, den Zucker und die abgeriebene Zitronenschale zur Milch geben und langsam unter ständigem Rühren zum Kochen bringen. Den Topf von der Herdplatte ziehen und die Vanilleschote herausnehmen.

4 | Die Speisestärke und die Sahne in einer kleinen Schale oder Tasse verquirlen, zu der heißen Milch geben und verrühren. Die Milch unter ständigem Rühren noch einmal zum Kochen bringen, nur kurz aufkochen lassen, vom Herd nehmen und zum Abkühlen in eine Schale gießen.

5 | Das Eigelb mit 2 EL Milch verquirlen, zu der abgekühlten Vanillemilch geben und verrühren.

6 | Das Eiweiß steif schlagen und unter die Vanillemilch heben.

7 | Die Creme in Weingläser oder Dessertschälchen aufteilen oder in der Schale lassen und kalt stellen.

8 | In das Spülbecken oder in eine große Schale kochend heißes Wasser geben.

9 | In einer flachen großen Rührschüssel Eigelb und Zucker schaumig schlagen. Im Wasserbad »zur Rose aufschlagen«, d. h. so lange weiter schlagen, bis eine cremige Masse entstanden ist: Einen Esslöffel in die Creme tauchen, herausnehmen, den Löffel umdrehen, auf den Löffelrücken pusten. Die Creme auf dem Löffelrücken muss das Muster einer blühenden Rose bilden.

10 | Langsam den Wein und den Zitronensaft dazugießen, dabei ständig rühren.

11 | Den Weinschaum auf der Vanillecreme verteilen und servieren.

Tipps und Tricks

• Die Welfenspeise ist etwas aufwendig und schwierig in der Ausführung, verfahren Sie deshalb genau nach Rezept!

• Der Weinschaum muss unbedingt zur Rose aufgeschlagen werden, damit der Wein und der Zitronensaft gebunden werden. Die Flüssigkeiten würden sich sonst nach einer gewissen Zeit absetzen.

Nonnenschmaus

Zutaten (für 8 Personen)

100 g Mandelstifte oder -blätter
200 ml Sahne
2 Pck. Vanillezucker
60 g Zucker
500 g Magerquark
1 große Dose Pfirsiche
1 Paket Löffelbiskuits
200 ml Eierlikör
1–2 EL Zitronensaft

Küchenutensilien

Backblech oder Pfanne, Rührbecher,
Mixer, Schale, Dosenöffner, Sieb,
1 flache Servierschale oder
Auflaufform, Schneidbrett,
Zitruspresse, Teigschaber, Messer,
Fischhaltefolie

Zubereitung

1 | Die Mandelstifte oder Mandelblätter im Backofen (etwa 10 Minuten bei 180 °C) oder in einer Pfanne fettfrei leicht braun rösten. Zwischendurch wenden und dann die Mandeln abkühlen lassen.

2 | Die Sahne mit dem Vanillezucker und dem Zucker steif schlagen.

3 | Den Quark mit dem Zitronensaft verrühren und die steif geschlagene Sahne unterheben.

4 | Die Pfirsiche abgießen und den Saft gut abtropfen lassen. Die Pfirsichhälften in kleine Stücke schneiden (nicht größer als 2 x 2 cm) und in eine flache Schale oder in eine Auflaufform verteilen, sodass der ganze Boden bedeckt ist.

5 | Die Löffelbiskuits darauflegen und 180 ml des Eierlikörs darübergießen.

6 | Den süßen Quark daraufgeben und glatt streichen.

7 | Die erkalteten Mandelstifte oder Mandelblätter gleichmäßig darüber verteilen.

8 | Schale zudecken oder mit Frischhaltefolie abdecken und 1–2 Stunden im Kühlschrank durchziehen lassen.

9 | Kurz vor dem Servieren den restlichen Eierlikör darübergießen.

Tipps und Tricks

- Das Dessert mindestens 1–2 Stunden durchziehen lassen, damit die Löffelbiskuits weicher werden.
- Der Eierlikör kann auch durch Schoko- oder Erdbeerlikör ersetzt werden. Bei der Zugabe von Erdbeerlikör den Quark etwas mehr süßen.
- Quarkspeisen schmecken intensiver, wenn sie Zimmertemperatur haben, deshalb rechtzeitig aus dem Kühlschrank nehmen!
- Die Mandeln schmecken intensiver und sehen dekorativer aus, wenn sie geröstet sind.
- Beim Rösten die Mandeln mehrmals wenden, damit sie gleichmäßig braun werden.

Grießbrei

Zubereitung

1 | Die Zitrone gründlich waschen und trocknen. Die Schale mit einer feinen Reibe abreiben.
2 | Die Milch mit dem Salz, der Zitronenschale, der Butter, dem Zucker und dem Vanillezucker zum Kochen bringen. Den Grieß unter ständigem Rühren langsam in die Milch streuen. Bei schwacher Hitze 2 Minuten ausquellen lassen und dabei ständig umrühren.
3 | Den Grießbrei in eine Schale geben.
4 | Das Ei trennen und das Eiweiß steif schlagen. Das Eigelb unter den leicht abgekühlten Grießbrei rühren und dann den Eischnee unterheben.

Zutaten (für 4 Personen)

geriebene Schale von 1/2 Zitrone
1 l Milch
1 Prise Salz
1 TL Butter
4 EL Zucker
1 Pck. Vanillezucker
125 g Grieß
1 Ei

Küchenutensilien

1,5-l-Kochtopf, feine Reibe,
Mix- oder Rührbecher,
Schneebesen, kleine Schale,
Mixer, Servierschale, Waage

Tipps und Tricks
- Am Herd bleiben, die Milch kann schnell überkochen!
- Milchgerichte immer rühren, denn sie brennen schnell an.
- Zum Grießbrei Früchtekompott oder Schokoladensoße servieren.
- Den Topf vorher ausbuttern, das verhindert ein Anbrennen des Grießbreis.

Schokoladen- und Vanillepudding

Zutaten *(für 4 Personen)*

1 l Milch
90 g Speisestärke
100 g Zucker
1 Pck. Vanillezucker
1 Prise Salz
75 g ungesüßten Kakao oder 75 g
geriebene Zartbitterschokolade
2 Eier

Küchenutensilien

Messbecher, Tasse oder kleine
Schale, kleiner Quirl, Schneebesen,
Kochtopf, Waage, Reibe,
Rührbecher, Servierschale oder
Stürzform oder Portionsschalen

Zubereitung Schokoladenpudding

1 | Die Speisestärke, den Kakao und 6 EL der Milch in eine kleine Schale oder Tasse geben und klümpchenfrei verrühren.

2 | Die restliche Milch in einem Topf aufkochen und ständig umrühren. Den Zucker, das Salz und den Vanillezucker dazugeben und mit aufkochen. Den Kochtopf vom Herd nehmen.

3 | Die angerührte Kakaomischung noch einmal umrühren und unter ständigem Rühren in die heiße Milch geben und dann noch mal kurz aufkochen lassen. Den Kochtopf wieder vom Herd nehmen.

4 | Die Eier trennen und das Eigelb mit einer Gabel oder einem kleinen Schneebesen verquirlen und unter den Pudding heben.

5 | Das Eiweiß steif schlagen und ebenfalls unter den Pudding heben.

6 | Den Pudding in eine mit kaltem Wasser ausgespülte Form oder Schale geben und kalt stellen. Den festen und kalten Pudding gestürzt oder in der Schale servieren.

Zubereitung Vanillepudding

1 | Den Kakao bzw. die geriebene Schokolade durch eine Vanillestange ersetzen.

2 | Die Vanillestange dazu längs aufschneiden und das Mark mit dem Messerrücken herausschaben und zur Milch geben.

Tipps und Tricks

- Zum Pudding Vanillesoße, geschlagene Sahne oder Kompott servieren.
- Das Ausspülen mit kaltem Wasser der Form bzw. Schale erleichtert das spätere Stürzen.
- Die Milch während des Kochens niemals unbeaufsichtigt lassen. Milch neigt dazu, schnell überzukochen und anzubrennen.
- Wenn die Schale mit dem Pudding luftdicht mit Frischhaltefolie abgedeckt wird, bildet sich keine Haut.
- Man kann den Pudding auch gleich in entsprechende Dessertschalen aufteilen.

Eierlikörgugelhupf

Zutaten

5 Eier
250 g Puderzucker
1 Pck. Vanillezucker
250 ml gutes Pflanzenöl
250 ml Eierlikör
125 g Mehl
125 g Speisestärke
1 Pck. Backpulver
1 Prise Salz
Butter oder Margarine zum
Ausfetten

Küchenutensilien

Waage, Rührschüssel, Mixer,
Messbecher, Sieb, Backform,
Teigschaber, Backpinsel,
Zahnstocher oder
1 rohe Spaghettinudel

Zubereitung

1 | Den Backofen auf 180 °C vorheizen.

2 | Die Eier aufschlagen und in die Rührschüssel geben. Den Puderzucker sieben, dazugeben und verrühren. Den Vanillezucker, das Öl und den Eierlikör dazugeben und unterheben. Das Mehl, die Stärke, das Backpulver und Salz mischen, sieben, in die Rührschüssel geben und gut verrühren.

3 | Die Backform ausfetten. Den Teig einfüllen und glatt streichen. Die Form auf ein Gitter in den Ofen stellen und bei 180 °C 50–60 Minuten auf der mittleren Schiene backen. Die Garprobe mit einem Zahnstocher oder einer rohen Spaghettinudel machen: Bis zur Mitte einstechen, herausziehen. Wenn kein Teig an dem Zahnstocher bzw. der Spaghetti klebt, ist der Kuchen fertig.

4 | Den Kuchen mindestens 10 Minuten in der Form auskühlen lassen und dann auf ein Kuchengitter stürzen. Den erkalteten Kuchen mit einer Kuchenglasur verzieren oder mit Puderzucker bestäuben.

Tipps und Tricks

- Wenn der Kuchen eine Glasur bekommen soll, dann muss er erst vollständig auskühlen.
- Puderzuckerglasur: 200 g Puderzucker mit 4 EL Zitronensaft verrühren und auf dem Kuchen verteilen und glatt streichen. Die Glasur 2 Stunden trocknen lassen.
- Den Puderzucker erst kurz vorm Servieren auf den Kuchen geben.
- Erkalteten Kuchen in einen verschließbaren Kuchenbehälter oder auf einen großen Teller geben und mit Frischhaltefolie abdecken.
- Die Eier einzeln in eine Tasse aufschlagen, bevor sie in die Rührschüssel kommen. Sollte ein Ei schlecht sein, muss nicht der gesamte Teig entsorgt werden.
- Das Mehl grundsätzlich sieben, damit der Teig lockerer wird.

Literatur

Baader, Ottilie: *Nähmaschine und Heimarbeit*. In: Frederiksen, Elke (Hrsg.): *Die Frauenfrage in Deutschland 1865–1915. Texte und Dokumente,* Stuttgart 1981

Benzoni, Girolamo: *Historia del mondo nuovo*, Venedig 1565

Braun, Johanna/Braun, Günter: *Kleiner Liebeskochtopf nebst erprobten Rezepten*. Berlin 1981

Brillat-Savarin, Jean Anthelme: *Physiologie des Geschmacks Oder Betrachtungen über das höhere Tafelvergnügen*. 1865, Neuauflage Leipzig 1983

Brockob, Herta/Dornow, Maria/Schütte, Martha: *Das bunte Buch vom Kochen*. Hamburg 1956

Busse, Tanja: *Die Einkaufsrevolution*. München 2006

Davidis, Henriette/Holle, Luise: *Praktisches Kochbuch*. Bielefeld und Leipzig 1896 (35. Auflage)

Fisch-Informationsdienst e.V. (Hrsg.): *Fisch. Was Sie schon immer wissen wollten*. Hamburg, 3. Auflage 2005

Herden, Birgit: *Das Futter zum Erbgut*. In: Die Zeit Nr. 46, S. 47. Hamburg 2006

Jaeggi, Eva/Klotter, Christoph: *Essen ist keine Sünde*. München 1995

Klinger, Heinz/Grüner, Hermann: *Der junge Koch*. Gießen 1984

Kuczynski, Jürgen: *Geschichte des Alltags des Deutschen Volkes. Studien 2 und 3*. Köln 1981/1982

Kultusministerium der Bundesrepublik (Hrsg.): *Das elektrische Kochen*. Berlin 1964

Landwirtschaftskammer Hannover (Hrsg.): *Qualitätskontrolle Kartoffeln. Wissenswertes rund um die Kartoffel*. Hannover, ohne Jahr

Meyer-Pollack, Erna: *Der Haushalt eines höheren Justizbeamten in den Jahren 1880 - 1906*. In: *Schriften des Vereins für Sozialpolitik*, Bd. 145. München und Leipzig 1915. In: Meyer, Sybille: *Das Theater mit der Hausarbeit*. Frankfurt/M., New York 1982

Möser, Justus: *Sämtliche Werke, III*. Osnabrücker Intelligenzblatt vom 7.3.1767

Schneider, Lothar: *Der Arbeiterhaushalt im 18. und 19. Jahrhundert. Dargestellt am Beispiel des Heim- und Fabrikarbeiters*. Berlin 1967

Stern, Heinrich: *Niedersächsische Küche*. Köln, ohne Jahr

Verlag für die Frau (Hrsg.): *Kochen*. Leipzig 1979

Weber-Kellermann, Ingeborg: *Die Familie*. Frankfurt am Main 1976

Weinberg, M.: *Die Hausfrau in der deutschen Vergangenheit und Gegenwart*. Mönchengladbach 1920

Register